東アジアの核拡散と欧州の核不拡散のトレード・オフ

東アジア非核化に向けた歴史の理論的考察

芝井　清久

大学教育出版

はじめに

　本書は、これまで別箇に研究されてきた欧州と東アジアの核不拡散政策を包括的に論じ、欧州の核不拡散交渉の合意形成に中国の核問題が利用されたことが東アジアの核不拡散の失敗と、現代にまでつながる核拡散問題の転機となったことを明らかにするものである。

　現在、国際問題として取りざたされる北朝鮮とイランの非核化をめぐる外交交渉が続いているが、歴史的に見れば核問題の起源は欧州であり、アジアはそれに次ぐ重要性しかなかった。だが現代国際社会においては、欧州の核問題はほぼ完全に解決し、それに対してアジアではいまだに深刻な安全保障問題として存在している。この対照的な現状をもたらした原因は何か。それを理論研究と実証研究の双方から導き出すことが目的である。理論的視点としては国際交渉のモデル分析であり、歴史的視点としては、核不拡散条約の締結を巡る欧州と東アジアの国際交渉の過程に存在した東アジアの軽視、特に米ソの協力と西ドイツの説得のために中国が利用されたという新しい仮説の提唱である。この歴史は現代の北朝鮮とイランに対する非核化交渉における教訓とすべきものであり、国際社会から核の脅威を減少させるためには大国の強制外交は必ずしも貢献しないことを教えてくれる。

　ソ連が1949年に核実験に成功して以降、核拡散問題で最大の懸念となったのは西ドイツである。東西陣営の最前線であり、かつベルリン危機のように軍事紛争につながる深刻な外交問題が起こる場所であり、世界大戦の経験からソ連だけでなく西ヨーロッパ諸国にとっても近隣の軍事的脅威であること、そして西ドイツ側からの視点では領土が核戦争の舞台とされる危険が高く、ソ連の軍事的脅威が間近に存在することから核抑止による安全保障体制の確保は非常に合理的な選択であると考えられたからである。それに加えて、戦前のドイツは原子物理学が最も発展した国家のひとつであり、核兵器開発に必要な技術力は十分に有していると評価されていた。だからこそ、西ドイツの核保有と

安全保障問題をどう解決するかは、核不拡散条約（NPT: Treaty on the Non-Proliferation of Nuclear Weapons）に西ドイツが加盟するまで大きな問題であった。

　これまでの核不拡散交渉の研究は、米独関係や北大西洋条約機構（NATO：North Atlantic Treaty Organization）改革を中心とした欧州の核拡散問題や米中関係、日米関係、米韓関係を中心とした東アジアの核拡散問題のように一地域の交渉過程に着目したものが主流で、地域の枠を越えたより広い視点から核不拡散交渉の経緯を明らかにした研究はほとんどない。欧州の研究で東アジアの情勢に多少言及することはあるものの、双方の核問題の関連性と、その関連性が米ソの核不拡散交渉に及ぼした影響を検証した研究があるとはいえない。基本的には一地域内の国家間交渉や国内の政策決定過程などで議論が完結しており、一方の地域の核不拡散交渉ともう一方の核不拡散交渉の間にどのような関連性が存在したのか、より広い枠組みでおこなわれた多国間交渉の経緯を正確に把握するには至らない。地域横断的な相関関係を把握することで、初めて一方が解決できた理由と、もう一方が完全に解決されずに現代まで残っている原因をより正確に理解することを助けてくれる。本書では、この点を強調した構成になっている。なお、核不拡散体制とはNPTと国際原子力機関（IAEA：International Atomic Energy Agency）の査察制度を中心として核保有国の新たな出現の防止および核物質や核技術の管理などのための国際的な取り組みの総称である。現在では輸出管理やカットオフ条約など体制は拡大しているが、本書では核不拡散体制の創設をNPTが発効した1970年3月5日と定めて議論することにする。

　これまでとは異なる研究アプローチを構築するために、本書ではゲーム理論による分析枠組みを採用した。日本の国際政治学では資料に基づく歴史的アプローチが主流であり、数理論を用いた理論モデルの研究は非常に少ない。しかしながら、理論とは当事者でも気がつかない因果関係を浮かび上がらせ、新たな知見を得るために必要なツールである。扱いの難しさから活用機会が少なかった理論を採用することで新たな仮説を構築し、その実証をおこなうことで、新たな学説の提示につなげることが可能となる。理論と実証を組み合わせ

た構成になっていることも、本書の特徴のひとつである。

　本書の構成は、問題設定と国際政治学の理論に基づく国際交渉の論点の整理が第Ⅰ章、ゲーム・モデルによる数理論的アプローチによる交渉問題の分析枠組みの設定が第Ⅱ章、そして理論に基づく仮説を歴史資料によって実証するのが第Ⅲ章、そしてそれが現代の東アジアにもたらした影響の結果に言及したのが第Ⅳ章である。本書は筆者の博士論文「国際政治交渉における第三当事者の存在 ― 欧州核不拡散交渉と東アジア核問題の関連性 ―」（芝井2010）を基にしたものであり、第Ⅱ章は拙著「国際交渉の合意形成における第三当事者への対応問題」『国際政治』第169号（芝井2012）、第Ⅲ章は同じく拙著「欧州の核不拡散と東アジアの核拡散の因果関係 ― 西ドイツをめぐる核不拡散交渉とその影響 ―」『国際政治』第180号（芝井2015）と端的にまとめた論文もあることを記載しておく。第Ⅱ章の内容はゲーム理論による分析枠組みの構築のため、数理論的アプローチに関心がない読者には非常に読みづらい章といえる。したがって、核不拡散交渉の歴史に関心をもって本書を手に取った読者は第Ⅱ章を飛ばして読んでもよいだろう。

　日本を取り巻く国際情勢と安全保障問題は21世紀になっても緩和されることはなく、むしろ深刻さを増しているといってよい。しかしながら、被爆国であり核廃絶を主張する日本は核兵器を持たずに核保有国の脅威に対応し、非核化のために説得するという困難な立場を貫かなければならない。そのために必要なことは外交交渉という言葉によって目的を達成する能力を持つことであり、多くの交渉における合意とは相互の妥協点を見いだすことにある。そしてその合意形成は均衡概念と一致するものであり、本書が理論枠組みによって交渉の本質を探ることを重視する理由もここにある。核問題という全ての国家の安全保障にかかわる交渉における妥協点の構築は困難であるものの、それを実現しなければ北朝鮮問題もイラン問題も解決には至らない。本書は核問題解決の一助となりうる交渉問題の指摘をおこなうものである。

東アジアの核拡散と欧州の核不拡散のトレード・オフ
――東アジア非核化に向けた歴史の理論的考察――

目　次

はじめに …………………………………………………………………… i

第Ⅰ章　国際政治交渉における課題 ― 信頼性と利得配分 ― ……………… 1
1　問題提起 ― 政治交渉分析における着眼点 ―　3
2　国際政治における信頼性の問題　10
3　利得配分に基づく政治交渉分析　16
　（1）利得配分案の基礎　17
　（2）政治交渉研究の主題 ― $(D, D) \Rightarrow (C, C)$ ―　21
　（3）国際政治学における利得配分分析　24
4　交渉問題における分析範囲 ― 第三者の存在 ―　28
　（1）歴史上の政治交渉問題　29
　（2）第三者の重要性　33

第Ⅱ章　地域横断する核不拡散交渉の分析枠組み …………………… 36
1　プレイヤー $n+1$ が存在する交渉ゲーム　39
2　零和 $n+1$ 人ゲームの基本概念　41
3　$n+1$ 人ゲームの含意　49
4　繰り返し零和 $n+1$ 人ゲーム　51
　（1）プレイヤー $n+1$ の再定義　52
　（2）プレイヤー $n+1$ の信頼　53
　（3）具体的なゲームの例　61
　（4）零和 $n+1$ 人ゲームによる社会問題の解釈　66

第Ⅲ章　欧州核不拡散交渉と東アジア核問題の関連性 ……………… 69
1　西ドイツ核武装問題　72
　（1）西ドイツの核武装決議案　76
　（2）西ドイツから見た 1958 年の国際情勢　81
　（3）米国の欧州安全保障政策と MLF　84
2　中国への波及　87

（1）ソ連の対西ドイツ核不拡散政策　*88*
　　（2）中ソ間の信頼低下　*95*
　3　米ソ協力関係の構築　*107*
　　（1）米独間のMLF論争　*108*
　　（2）米国の対中評価の変化　*114*
　　（3）西ドイツ核武装問題の解決　*122*
　　（4）NPTの成立　*129*

第Ⅳ章　欧州核問題の解決と東アジア核問題の複雑化 ……………… *135*

おわりに ……………………………………………………………………… *141*

謝辞 …………………………………………………………………………… *143*

参考文献 ……………………………………………………………………… *144*

第 I 章

国際政治交渉における課題
― 信頼性と利得配分 ―

　核拡散の起こる原因とその影響は米国の核実験成功直後から長らく議論されてきた。J. F. ケネディは 1963 年 3 月の会議において「1970 年代には米国大統領は 15、20、もしくは 25 か国の核保有国が存在する世界に直面する可能性がある。それは考えられる最悪の危険であり破滅だ」[1]と述べ、核拡散の危険を訴えた。それでも核保有は安全保障政策に大きな影響を及ぼすこともあり、核拡散問題が解決されることも、完全な核不拡散政策が成立することもできないのが現状といえる（Kroenig 2010; Narang, Gartzke, and Kroenig 2016; Rauchhaus, Kroenig, and Gartzke 2011; Lodgaard 2014; Utgoff 2000）。

　核保有国の増加は単純に核戦争が起こる可能性を高めることにつながるが、それに加えて米ソが展開する核戦略に不確定要素が増えることで、米ソがコントロールできない国際危機につながる可能性が高まることも、強く懸念された理由のひとつである。

　1957 年の IAEA 創設、1963 年の部分的核実験禁止条約（PTBT：Partial Test Ban Treaty）の調印、そして 1967 年の NPT の調印と、現代にまで続く核不拡散体制は米ソが中心となって実現したものである。激しい核対立状況にあった超大国が協力関係を構築したのみならず、拡大抑止を提供する同盟国までも参加させて世界規模で核拡散の危険性を低下させたことは非常に大きな意

---

[1]　President Kennedy's News Conferences, News Conference 52, March 21, 1963. John F. Kennedy Presidential Library and Museum　https://www.jfklibrary.org/Research/Research-Aids/Ready-Reference/Press-Conferences/News-Conference-52.aspx［access on 2018/10/11］.

義を持つ出来事である。

　もちろん核戦争の危険を低下させることは米ソどちらにとっても重要な課題であり、さらには自らの核戦力の優位を維持する意図もあったであろうが、敵対する両国が当該問題において互いに合意を遵守するという信頼を醸成することをどのように可能としたのか。もし合意を破ることで冷戦において優位に立てるという疑いがあれば、相互信頼の確立は極めて難しい。事実、スプートニク・ショック直後にソ連が宣言した核実験モラトリアムと提案した核実験停止条約はソ連が有利な状況の固定化を狙っているものと米国は疑って、当初は真剣に討議しようとしなかった。

　しかしながら、核拡散は一国家単独で実現することは不可能であり、多国間での協力と合意が必要不可欠である。核問題においては、強国による強制外交は必ずしも良い結果をもたらさない。なぜなら、核抑止を求める理由は２つあり、第１に敵対国の核攻撃を抑止すること、そして第２に、敵対国の通常兵器を含めた攻撃を抑止することである。強国からの軍事的脅威にさらされる国家が安全保障上の懸念を強めるような強制外交はむしろその国家の核保有を促進する恐れがある。本書で紹介する西ドイツや中国、そして現代の北朝鮮などはその典型例といえるだろう。

　安全保障問題に深くかかわる内容の国際条約が合意に至るためには、少なくともそこにかかわる国家たちが合意を遵守するという相互信頼があること、それも合意が加盟国に何らかの利益をもたらす、最低限でも損失をもたらさない、そして参加しないことでそれ以上の利益を得られないといった現実的な利害関係の裏付けを持った信頼を醸成しなければならないのである。

　したがって、核不拡散体制の設立に至った一連の核不拡散交渉の意義を正しく理解するには、交渉の過程で米ソを中心とした主要国がどのように相互信頼を確立したのかを知る必要がある。本章では、その具体的な内容を見る前に、国際政治交渉プロセスの理論的検証をおこない、合意形成の必要条件を把握する。

1　問題提起 — 政治交渉分析における着眼点 —

　交渉は政治における最も重要な行為のひとつである。人間が何らかの目的を実現しようとすれば、競合する相手との対立は避けられず、競争者の排除を望むことになる。だが、物理的暴力による相手の排除が必ずしも容易な手段となるわけではなく、実際には目的達成と対立解消の双方を両立させるための交渉が必要不可欠となる。政治において、武力行使が目的を達成するための最終手段であるならば、それ以外の目的達成手段は交渉である。交渉とは、一般的に次のような特徴を持つ現象のことを意味する（宮嶋 1970：169-170）。

1) 2人ないし、それ以上の人およびグループが、ある場合には競争的となり、ある場合には協調的となる状況（*situation*）
2) 交渉当事者の利害は必ずしも一致しない
3) 交渉当事者の間になんらかの「意識的」な協力ないしは協定が成立するならば、互いに相争うよりも全員の利得（*pay-off*）を向上させることができる

　すなわち、多くは利害の対立関係にありながら「意識的」に協力する誘因も存在するという複雑な状況でおこなわれるのが交渉である。国家間交渉や議会の法案審議といった公的な場所から子供同士のお菓子の分け合いといった私的な場所まで、交渉はあらゆる場所でおこなわれる。そして、そこで起こりうる結果は千差万別であり、あらゆる可能性が考えられるのである。

　ドイツの宰相ビスマルクは「政治とは可能性の技術である（*Die Politik ist die Kunst des Möglichen*）」と定義した。丸山によると、それは「単に不可能なことを政治の問題にしないというだけでなく、現実の中にあるさまざまな可能性を探りあて、たとえば、今の時点の field においてまだアモルフな、混沌とした方向や要求のなかから、ヨリ明確な方向性をもった政治的態度が結晶化していく可能性を見極め、これを引き出していくような思考法およびテクニックをも意味する」（丸山 1998：19）という。国際政治交渉についても同様のことがいえるだろう。合意を形成するために、そしてそれを安定して維持するために起こ

りうる様々な可能性への対処をしておく。そうすることではじめて合意に至る道筋を確立することが可能となり、交渉をまとめることができるからである。

だが、合意形成による利得とは取引コスト（Transaction Cost）削減のように当事者同士の努力だけで増えるときばかりではない。そうでないときの余剰利得はどこから発生するのか。これは有限の資源しか存在しない現実社会では避けては通れない疑問であろう。そしてその答えは往々にして、強い立場にいるプレイヤーによる弱者からの搾取や弱者への負担の押し付けである。弱い立場のプレイヤーは交渉自体から排除されるか、交渉に参加できても実質的な発言権を持てないままに留め置かれ、結局は納得できない合意を受け入れざるを得なくなる。また、そこまで弱い立場でなくても、参加資格がないとして交渉に加われないこともあるだろう。

そこで、形成された合意の維持に関心を向けると、そのような合意は強者にとっても決して都合の良い合意とはいえなくなる。なぜなら、合意の破綻は必ずしも交渉当事者の行動が原因となるとは限らない。合意内容にほとんど干渉できない弱い立場のプレイヤーには、交渉当事者たちが自分たちから搾取することで相互利益を得る恐れが生じるからであり、実際にそうなったならば、たとえ交渉当事者が合意の維持を望んでいても、そのような立場に置かれることを拒否するプレイヤーが、交渉の内外含めて様々な手段を講じてそれを破綻させようとするからである。

以上の問題提起を基に、本書の主題を提示したい。肯定的な協力が達成されているにもかかわらず、望んだ結果を得られないことがあるのはなぜなのか。この疑問に対するひとつの答えを提示する。本書の具体的事例は、米国もソ連も核不拡散を望んで協力を実現したにもかかわらず、東アジアでは現在も核拡散問題が解決していないのは、米ソが欧州の核不拡散交渉には直接関係しない中国を犠牲にした協力を実現したことが原因であることを明らかにすることである。

この研究の取り組み方法として、交渉問題を交渉当事者間の問題ではなく「交渉の結果に利害関係を持つプレイヤー全体の問題」として捉える。視野を拡大することで、これまでの研究で着目されなかった立場のプレイヤーの利害関係と行動を分析対象に取り組むことを目指した。それによって、交渉当事者

以外のプレイヤーを考慮した協力関係を構築することが、長期的に最も合理的な交渉結果となることを示す。

　この研究方法において重要な概念となるのがプレイヤー間の利得配分である。プレイヤーが合意を拒否もしくは破棄する主な要因は、「信頼性の欠如」と「利得配分への不満」の２点である。信頼性の問題が国際政治学における中心的な議題であったのに対して、利得配分の問題はそれほど扱われてこなかった。だが、プレイヤー間の利得配分が安定し、合意が長期にわたって維持されることは、国際秩序の形成に必須の条件である。そもそもそれがなければ、プレイヤーが協力関係を維持しようとする誘因が存在しなくなるだろう。

　優位にある個人・集団が多くの配分を得るのは国内・国際を問わず政治の常であったとはいえ、一方的搾取の関係が決して永続できないのも政治の現実である。封建制では貴族・宗教勢力だけが議会に参加することができ、参政権のない国民は彼らの決定した決議に従わなければならなかった。重税・社会保障の欠如などに不満を持った国民は革命というかたちで封建制に基づく議会制度という交渉枠組みそのものを破壊して利得配分を修正したのである。詳しくは後述するが、パリ講和会議での戦勝国によるドイツへの莫大な戦争負担を押し付けた国際制度が十数年しか維持できなかったのも模範的な事例である。

　このような、交渉当事者になれず、納得できない利得配分を押し付けられたプレイヤーの存在は、合意の維持や協力関係の維持の大きな障害となって現れてきた。そのような立場に置かれるプレイヤーを本書では「第三者（Third Party）」もしくはゲーム・モデル上「プレイヤー $n+1$」と呼ぶことにする。

　これほど大規模な歴史的事例ではなくても、納得できない利得配分になったプレイヤーが合意の修正もしくは破棄を目指すのは自然なことであり、そのような利得配分を形成するプレイヤーとの間には信頼関係も構築されづらくなる。利得配分問題は信頼性の問題と関わりあう重要な問題である。また、合意内容に影響を受ける第三者の数が多い、もしくはその影響力が大きければ、第三者の対応は合意の安定的維持のためにはさらに無視できない要因となる。交渉当事者たちが利得の最大化を目的とすることは当然だが、利得を長期的に維持したければ、合意内容を無効化させる行動を他者に取らせないように管理す

ることが必要になる。いかに第三者の損失を考慮した自主的な制約を反映させた合意を形成すれば、自己の利得の増加と第三者からの承認を確保できるのか。安定して維持できる協力関係の構築のためには、この相反する条件を両立させる妥協案を構築しなければならないのである。

　なお、協力の研究といった場合、その中には脅迫の信憑性に依存する抑止や強制外交も含まれるし、それらも交渉分析において重要な研究対象である（George, et al. 1994; Raser 1966; Schelling 1960; Zagare and Kilgore 2000）。特に制裁による条約違反行為などの抑止に関する研究は、現在でも重要な意味を持つであろう（Allen 2005; Baldwin 1971, 1999/2000; Dashti-Gibson, et al. 1997; Drury 1998, 2000; Haass 1998; Hufbauer, et al. 2007; Jentleson 2000; McGillivray and Stam 2004; Müller and Müller 1999; O'Sullivan 2003; Pape 1998; Preeg 1999; Rennack 2005）。本書ではプレイヤー間に「協力する意思がありながらそれが困難な状況」における交渉問題を対象としており、非協力ゲームの戦略である抑止と強制外交だけでなく、配分提案といった協力ゲームの戦略も加えて議論しなければ解を求めることはできない。本書では、このような問題意識を持って、従来の核研究とは異なる視点から国際政治における多角的交渉を分析する。事例として用いるのは前述したように核拡散問題である。北朝鮮の核開発問題の存在から、東アジアひいては日本にとって最も深刻な安全保障問題のひとつといえる。今日の国際情勢をもたらした原因を正確に把握することは、その解決方法を模索する上で非常に有用である。

　冷戦後の核拡散問題に関しては、主に安全保障や外交政策からの視点（Campbell 2002/03; Kleiner 2005; Levi and O'Hanlon 2005; Litwak 2003/04; Martin 2002; May 1994; Mazarr 1995b; Moltz 2000; Ogilvie-White 1996; Sagan 2000; Sagan and Waltz 2003; Singh and Way 2004）または国際制度や国際法的な観点（Braun and Chyba 2004; Bunn 1997; Bunn and Rhinelander 2005; Bunn and Timerbaev 2005; Chafetz 1995; Mazarr 1995a; Schneider 1994; Simpson 2004; Tannenwald 2001; Thayer 1995）からの研究が多い。しかしながら、それらとは異なる視点からの分析によって、東アジアの核拡散問題は他の地域の核不拡散交渉から影響を受けた複雑な問題である

ことを示す。

　第三者の視点による分析は、深刻化している他の国際問題、たとえばグローバル化による経済問題、貧困問題や環境問題のような、一部の人間や国家が物事を決定する力を持ち、そして利得のほとんどを独占するような社会問題の分析に適合しているといえる。それらを研究する際には、本書の研究成果を用いることは有益であろう。それによって、西ドイツ核武装問題という欧州の核問題が東アジアの安全保障問題に影響を及ぼしたとする、これまでとは異なる冷戦史・核拡散問題の仮説を提示することができるのである。詳細は後述するので、ここでは簡単に要約した内容を核不拡散体制の歴史とともに説明する。

　締結から40年以上が経過したNPTの無期限延長も決定し、現在では核拡散の防止は世界中で国際的規範として受け入れられているように見える。NPTの成立時から存在する核保有国とそれ以外の国家の間の不平等性はいまだに解決されていないが、2000年および2005年に開催されたNPT再検討会議において非核保有国が核保有国に対して、NPTに記述された核軍縮に向けた努力を改めて要求するなど、核不拡散は重要な概念として国際的な正当性を獲得しているといえるだろう。

　東アジアとは異なり欧州は非常に安定しており、新たな核保有国が現れる可能性はほとんどないといってよい。だが、ここに疑問が生まれる。冷戦において最も軍事的緊張の高かった地域であり、歴史的に常に利害関係の対立する大国同士が戦争を繰り返してきた欧州に、なぜNPTが早い時期から受け入れられたのだろうか。そもそも核拡散問題がもっとも懸念され、NPTが提唱される原因となったのは、冷戦の最前線である東西ドイツ、特に西ドイツの核武装を東西両陣営が恐れたことにある。ソ連の軍事圧力を間近に受けると同時に西ベルリンを防衛しなければならない西ドイツからすれば、核抑止は安全保障政策において非常に効果的な手段となりうる。さらには、ナチス時代から核兵器の開発に着手していたドイツには優秀な科学者と研究の蓄積があることから核開発に成功する可能性が高く、動機と技術の双方を有していたためである。西ドイツが核保有国となれば、東西対立がより深刻かつ複雑になり、核戦争が勃発する危険が大きく高まることになる。それを避けたかった米ソは核不拡散に

西ドイツと欧州に次いで核拡散の可能性が高かったのが、東西陣営が軍事衝突を起こした東アジアである。日本・中国の核開発の可能性が最初に懸念され、後には台湾・韓国・北朝鮮が加わり、この問題は冷戦が終結した現在でも残っている。欧州と東アジアのどちらの地域にも核保有国と潜在的核保有国[2]が存在し、軍事的緊張度の高い地域という共通性を持っていながら、なぜNPTの効果に違いが生じたのだろうか。最大の懸案事項であった西ドイツの核問題を解決し、NPTとIAEAを中心とした核不拡散体制の創設に東西陣営双方が同意したにもかかわらず、東アジアでは核拡散問題は完全には除去されず、NPTの効果は限定されたものに留まっている。

　欧州と東アジアの核不拡散体制創設の効果を分けた原因は何だったのか。この疑問を本書の視点で考えると、米ソを中心とした核不拡散体制創設をめぐる多国間交渉のあり方にその原因があると考えられる。前述したようにNPTは西ドイツの核問題を解決することを主目的として締結されたものである。その交渉過程を考察すると、米ソが欧州の安定を最優先事項とした核不拡散交渉をおこなった結果、東アジアの核拡散問題はそれほど重要視されず、むしろ欧州の交渉をまとめるために利用された形跡があることが明らかになる。すなわち、米ソの不拡散交渉は、欧州の視点からすれば適切な交渉内容と合意形成であっても、東アジアから見ればNPTは不適切な内容を含んだ合意であったことが、現代に至るまで東アジアの核問題が残っている原因なのではないだろうか。多国間交渉の分析において見過ごされがちであった要因に着目することでこの仮説の提示を試みる。

　多国間交渉の分析手法として、本書では零和 $n+1$ 人ゲームのモデルと概念を用いる。従来の国際政治における交渉分析は、国家や政治家といったプレイヤー間の利害関係やパワーの優劣関係に着目してきたが、実際の交渉結果は交渉当事者だけでなく、交渉に参加していない、もしくは交渉に影響力を持

---

[2]　潜在的核保有国とは、核兵器を作る能力を持ちながら実際に開発には至っていない国家のことを意味する。代表的な国家は（西）ドイツと日本である。

たないもののその合意内容によって何らかの影響を受ける第三者的立場のプレイヤーがそれを黙認するかどうかも、合意が維持されるための重要な要因となる。合意を形成する当事者たちが利得の最大化を目的とすることは当然だが、最大利得を長期的に維持したければ、合意内容を無効化させる行動を他者に取らせないよう管理することが必要となるからである。いかに交渉結果に伴う第三者の損失を考慮して、自主的な制約を反映させた合意を形成すれば、自己の利得の増加と第三者の承認を確保できるのか。合意形成において、この相反する条件を両立させる妥協を構築しなければならない。

交渉当事者以外にまで視野を広げる理由は、相互依存の深化によって第三者の立場に置かれるプレイヤーが増加していることにある。

国際社会の特徴のひとつとして強調されるグローバリゼーションとは必ずしも現代独自の現象ではなく、世界中に並存する社会の相互作用が強まっていく過程を意味しており、いわば相互依存の進展の一部である。現在のグローバリゼーションの特徴は、ヒト・モノ・情報がどれほどの遠距離であっても極めて「迅速かつ大量に」移動することにある。あらゆる分野が地球規模で一体化しつつある世界では、世界のどこかで起こった出来事が、必ず他の社会に何らかの影響を及ぼす。そのような環境である以上、あるプレイヤー間の交渉の結果は、必ずその場にいない他のプレイヤーに何らかの利害関係を生じさせることになる。

相互依存の深化に伴って起こる最大の問題は、ある交渉に参加できないもしくは影響力を持てないプレイヤー（多くの場合は社会的弱者）を犠牲にして利益を確保する状況が広範囲にまたがって発生することである。裕福な資本階級と貴族による無産市民の支配、大国オーストリア・プロイセン・ロシアによるポーランド分割、列強による植民地、ミュンヘン会談によるズデーテンの割譲、米ソ核戦争回避のために無視された東欧の民主化運動、多数派民族が優遇されて少数民族の権利が無視される多民族国家の政治など、弱者を犠牲にした合意が成立することは珍しくない。だが、弱者の犠牲によって成り立つ社会秩序は革命・反乱・植民地解放運動・独立戦争・内戦・虐殺など往々にして最悪の事態に発展する。

現代の国際社会では武力紛争に発展するような問題は減少したものの、軍備管理・環境問題・食糧問題・民族対立・難民問題など、当該地域の枠を越えた広い視野を持たなければ解決できない問題は、むしろ増加しているといってよい。そのような問題では、交渉当事者以外のプレイヤーのことまで考慮した上で、最適な合意内容とはどのようなものなのかを導き出すことが問題解決に繋がりうる。国際政治交渉とその合意形成のあり方とは国際秩序を構築する上でも重要な要素であり、分析する価値は大きいと考えられる。

このような視点から、当時から世界規模の安全保障問題となっていた核拡散問題への対策であったNPTが規範として東アジアで完全に機能しなかった理由を明らかにし、核不拡散体制創設をめぐる多国間交渉とその合意形成のあり方がその原因のひとつであったことを明らかにする。

2 国際政治における信頼性の問題

前節で述べたように、交渉では利得配分の取り決めが重要な要素のひとつになる。それにもかかわらず、国際政治学の分野においては配分問題への言及が多かったとはいえないだろう。その理由は、国際政治では保証措置の欠如というアナーキーの性質ゆえに不可避といえる相互協力の困難をいかにして克服するかという問いが中心的議題のひとつとして扱われてきたことが大きい（Axelrod 1984; Axelrod and Keohane 1985; Collins 1998; Evangelista 1990; Glaser 1992; Grieco 1988; Jervis 1978, 1985, 1988, 1999; Keohane 1984; Kydd 2005; Montgomery 2006; Morrow 1994; Oye 1985; Rapoport and Chammah 1965; オスグッド 1968；石田 2009）。このような国際政治交渉における信頼の問題は囚人のディレンマ・ゲームに端的に示される。そこでは、プレイヤーにとって相手を裏切ることが最も利得を得られる選択肢となるため、相互協力がパレート優位な解であるにもかかわらずナッシュ均衡は相互の裏切りになってしまう。

プレイヤーは裏切り戦略によって最大利得を獲得しようとしても、相手も同じ戦略を取ることによりパレート最適解よりも低い利得しか得られない。つま

表 I-1　囚人のディレンマ・ゲーム

I \ II	C	D
C	(3, 3)	(1, 4)
D	(4, 1)	(2, 2)

C: Cooperate　　D: Defect

▭ ：パレート優位
▭ ：ナッシュ均衡点

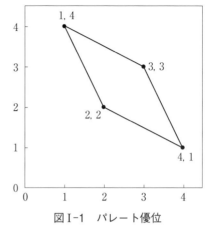

図 I-1　パレート優位

り、個人としての最適行動を選んでいるにもかかわらず全体としての最悪の結果が導かれるというディレンマに陥ってしまう。さらに、プレイヤーI, IIのどちらかもしくは両方が相手を出し抜く戦略よりも相互協力（パレート優位な解）を望んでいたとしても、相手が裏切る可能性を排除できないために協力を選べなくなってしまう。これは、たとえばタカ派かハト派かというプレイヤーの性質にかかわりなく、交渉では常に生じうる問題である。利得を基準にして戦略を考える限り相手を信頼することは困難であり、裏切りを選ばざるを得ない。法律のような強制力のある取り決めによって状況そのものを変えない限り、仮に相互裏切りが大きな損害になったとしても、この状況に根本的な変化はない（Luce and Raiffa 1957: 96-97）。しかしながら、全てのプレイヤーに等しく強制力を持つ法律を作ることはできないからこそアナーキーなのであり、信頼性の問題はアナーキーにおいては不可避となってしまう。だからこそ、国際政治学では信頼性の問題が活発に議論されてきた。そのため、新自由主義制度論（Neoliberal Institutionalism）や構成主義（Constructivism）でも信頼性の問題への関心が強く、利得配分に関してはそれほど深い分析をしているとはいえないだろう。

　新現実主義（Neorealism）は国際政治の構造が国家間の協力を阻害するため自助（self-help）による安全の追求が国家の最優先事項であると主張した

(Waltz 1979: 105-107)。すなわち、アナーキーという環境下では、国家間の協力関係を維持することはできないとみなし、軍事力による生存行動を基にして国際政治を分析した。

しかしながら、実際の国際政治では、しばしば短期的・長期的な協力関係の維持や合意形成がおこなわれており、それが国家の行動を規制してきた。新現実主義が想定した国際政治情勢である冷戦期の米ソでさえ、協力関係の一面が対立関係と並存していた。また、様々な多国間条約や国際制度が形成され、国家間の協力関係が成立する機会が増えている。したがって、協力を不可能とする新現実主義の主張は現実的ではない。その点から新現実主義を批判したのが新自由主義制度論であり、彼らは国家間協力の実現の可能性を制度を用いて説明した。

囚人のディレンマ状況をどのように克服するかという課題に対するひとつの答えとして出されたのが制度の構築である。新自由主義制度論は、行動を制約する制度を構築することでアナーキーな環境でも協力が可能になると主張した。

新自由主義制度論が協力の実現、言い換えれば秩序の構築に国際制度を重要視した理由として、国家が他国と協力または競争する際の行動様式を定める一連の規則となって国際関係における行動規範（*standard of behavior*）を形成することが挙げられる（Keohane 1984: 57-59; Mearsheimer 1994/95: 8-9）。だが、その効果を得るためには、制度が規範や規則を具現化した存在として国家間で認められなければならない。そこで問題になるのが制度による利得の分配方法である（Martin 1999: 91-94）。どのような制度で利得を配分しても、基本的には全ての国家に平等な割合になることはない。制度はそれを構成したときの優劣関係に応じた不平等な配分を固定化することになり、それが国際秩序を維持しづらくする要素となりうる。だが新自由主義制度論は、中小国の利得配分を大国が侵害しないことが制度によって保証できれば秩序を維持できると主張する。

国際政治においては、軍事拡張的な覇権国の存在は他国の深刻な脅威として捉えられたため、そのたびに反覇権的な大戦争が起こされたが、それは対抗不可能なパワーを持った大国による支配への不安が戦争の原因となったからであ

る[3]。それに対して、たとえ不平等な利得配分でも、制度が大国の行動に制限を設けることができるならば、中小国は制度に参加することで利得を保証してもらうことができる。そうすることで中小国が制度を受け入れる利益が生じ、大国も行動に制約を受けるものの、その優位を長期的に維持できるようになると新自由主義制度論は主張した。このような制度が形成されていれば、パワーが不均衡な状況でも国際関係に秩序をもたらすことができる。そしてもし大国が衰退しても、制度によって秩序と協力関係を持続させることができるからである（Ikenberry 2001: 13-15）。

制度による拘束力に着目し、最も強い国家が自主的にパワーの行使を制限する制度を構築することが自らを中心とした国際秩序の維持に有効な戦略とみなしたアイケンベリー（G. John Ikenberry）の「戦略的自制（strategic restraint）」は、本書の第三者の利得への配慮と類似した概念といえる。この議論は国際秩序における制度の有意性を非常によく表していると同時に、国際政治のプレイヤーとして無視されがちな中小国の利害関係を考慮することが長期的には大国の利益になること、そしてそれを無視することは大国の地位を脅かす結果をもたらすことを指摘している。アイケンベリーは大戦後の国際秩序を決める国際会議において、自主的なパワー制限をして合意した場合とそうしなかった場合とでは、その後の秩序の安定度に大きな違いが出たことを明らかにした。

アイケンベリーは政治秩序を勢力均衡・覇権・立憲的秩序の3つに類型化し、その中でも、拘束的な制度によってパワーの影響力を制御する立憲的秩序を重視した。立憲的秩序は3つの欠くことのできない特徴を有している。第1に、共有された合意は秩序の原理および規則として存在すること。第2に、パワーの行使を権威的に制限する規則と制度を構築すること。第3に、その規則と制度がより広範な政治システムによって定着し、そう簡単に取って代わられない

---

[3] Holsti（1991）のデータに示されているように主要な戦争原因は各時代によって異なる。しかし、大規模戦争（Great War）にまで発展するのは覇権国が誕生する恐れのある戦争であり、その後の国際講和会議で、同じ争点が原因となって覇権闘争が起きないような条件で講和条約が締結されるということは共通する。

ことである。これらの特徴を持つ立憲的秩序が国家間に安定をもたらすことができるのは、合意によって定められた法的・政治的制度がパワーを行使できる機会を制限することにある。つまり、パワーは被支配的なかたちで秩序に「飼いならされる（tamed）」からである。最も強い国家がこのような秩序を意図的に構築するために必要な政策が「戦略的自制」であり、自らを中心とした国際秩序を安定して継続させることを目指すならば、たとえパワーの行使を制限しても、立憲的秩序を構築することには大きな意義がある。それによって「勝利」から得られるものを減らし、同時に「敗北」の損害も限定的かつ一時的なものとすることで、受け入れがたいほど不均衡な利得配分は決して永続化しないことを中小国に保証する。そうすることで秩序維持のコストを減少させ、自らを中心とした国際秩序を長期的に他国に受け入れさせることができるからである（Ikenberry 2001: 6, 22-34, 53-55, 61-72）。第一の大国の制度への自主的な服従と適切な安全保障措置が確保されていない制度では、他国の信頼を得られないのである。

　だが、指摘するならば、アイケンベリーの議論はあくまでも大国の自主的なパワー制限の重要性の指摘に留まっている。そこからさらに議論を進めて自主的なパワー制限の実現方法を考えるならば、大国が中小国の信頼獲得に必要なパワー制限というコストと行使できるパワーによって獲得できる利得のバランス、すなわち最適な均衡点を見つけ出すことが必要になる。たとえ制度に参加するメリットが制度に参加しないメリットを上回っていても、国家が得られる利得に満足できないのでは適切な配分案とはいえない。たとえば、国家の利得には絶対利得だけではなく相対利得が存在し、どのような利得をもって満足するかはプレイヤーによって異なるからである。ある国家が受け入れられないほど配分の格差が大きければ、それは協力を妨げることになる。新自由制度主義は制度による相互不信の除去が協力を促進することを説明したものの、「制度によってどのような配分を実現することが協力を促進するのか」という問題を議論していないのである。

　制度に関するもうひとつの重要な議論として、制度の構成員間の利得配分の議論だけでなく、構成員と非構成員の間の問題がある（Martin 1999: 94-95）。

構築された制度はそれに参加しない国家の利害関係にも必ず何らかの影響を及ぼす。その影響が深刻なものであれば構成員と非構成員の間に軋轢が生まれ、制度を不安定にする原因になりうるだろう。制度を維持するためには、その構成員は制度内の利害関係だけでなく、ときには制度外のプレイヤーのことまで考慮に入れなければならないのである。

交渉当事者が合意とそれに基づく社会秩序を無効化する過程は、構成主義の分析枠組みによって明らかにすることも可能である。フランス革命、ヴェルサイユ体制の崩壊や冷戦の終結といった歴史的事例は秩序の崩壊と再構築、主体の行為を通じた構造の再生産という構成主義の論理構成の模範的な事例であろう。かつては従っていた合意・社会構造に対してプレイヤーがある状況に至ってその正当性を否定し、新たな取り決めを求めて秩序の破壊を目指す。

この秩序の構築過程の捉え方は、合意形成に関与できなかったにもかかわらず合意のコストを負担させられるプレイヤーが反抗する過程を説明できる。しかしながら、構成主義は、ある状況下において目的を達成するために最適な手段は何か、という問いに対する答えを出すことに適合した方法論ではあるとは言いがたい。なぜなら、プレイヤーがその時々に持っているアイデンティティや利害関係をどのように獲得するのか、という基本的な疑問に答えることが困難だからである。同様に、アイデンティティや利害関係が将来的にどう変化するのかといった疑問に答えることも難しい。本書の主題は、プレイヤー間の利得配分の問題に着目して合意が維持される条件を明らかにすることにある。合意内容に基づいた利害関係が将来的にも維持されるための方法を模索することを目的としている以上、将来的なアイデンティティや利害関係の変化を分析できない構成主義では、本書の主題に答えることは難しい。

国際政治学で重視されてきた信頼の欠如は、もちろん本書でも最も本質的な問題のひとつである。より重要なことは、利得配分の問題と信頼性の問題を関連付けて交渉問題の分析に取り入れることにある。そのため、従来の分析手法とはことなる方法を用いる必要が生じる。よって、本書では、交渉分析に優れ、かつ確率による信頼性の分析も可能な数理的手法を用いて、利得配分交渉と第三者の信頼の関係をより明確に図式化する。それによって、これまでよりも視

3　利得配分に基づく政治交渉分析

　利得配分は国内・国際を問わず政治における重要な争点のひとつである。利得配分において基本的かつ重要なことは、全ての交渉当事者たちが必ず最低限は納得できる配分案・妥協案を形成することにある。これは主に経済問題に適用される考え方のため非常に論理的な配分案が多いが、政治問題においても協力によって得られた余剰利得の配分は重要な問題である（Harsanyi 1963; Nash 1953; Von Neumann and Morgenstern 2004; Shapley and Shubik 1954; 芝井 2012）。たとえば、政治経済体制をめぐるイデオロギー対立も、根本的な争点のひとつは利得配分のあり方の違いである。国家が生産した余剰利得をどのように国民に還元するのかという問いに対してならば、封建制は特定の身分の人々を優遇する、自由主義は個人の功績に応じて報いる、社会主義は全ての人々に平等に分配するという異なる解答を提示する。

　主権国家の発展と民主主義の発展の経緯も同様の捉え方ができる。19世紀の民主制が制限選挙であった理由として、参政権が国家への貢献という国民の義務に応じて与えられる権利であったからである[4]。だからこそ最初に納税額の大きい国民と軍人が優遇され、次いで徴兵制による国防への貢献が認められた成人男性に参政権が与えられ、のちに第一次世界大戦で女性が後方支援で活躍したことで完全普通選挙制が実現した。いわば、政治における配分問題と

4）Tilly（1992）によれば、欧州の歴史は、戦争の遂行に必要な資金と軍事力（兵員）を多く確保できる形態の国家（中央集権型の national-state）が他の形態の国家を駆逐してきた歴史であり、大量の徴税と徴兵を可能とする人口と領土を有する国家が戦争に勝ち残って19世紀以降に繁栄したという。だが、近代国家であっても戦費が増大すれば国民の負担は大きくなり、徴税と徴兵を無原則におこなうことはできない。それらの代償として、国民の大多数を占める（最も税負担と兵役に従事させられる割合が大きい）中産階級や労働者への権利付与が同時におこなわれ、民主化も進展したのが19-20世紀の欧州政治である。

は「与えられる権利」と「課せられる義務」のバランスをいかにとるかが重要な争点であった。国際政治における合意でもその点は同様であり、合意が形成されるためには、権利と義務が全ての国家にとって最低限は納得できる配分になっていなければならない。

たとえ約束の遵守や制裁の信憑性が低くても、配分案が誰にとっても納得できるものであれば合意形成の可能性は大きく上がる。反対に配分案が多くの国家に納得できないものであれば、合意の形成および遵守は制裁の信憑性に依存せざるを得なくなり、合意は基本的に不安定なものとなってしまう。つまり、相手にも妥当性を示すことのできる配分案は、協力の信頼性を高めるという点において信頼性の問題と常に関連し合う。相手が不平等だと感じる配分案が受け入れられないのは当然だが、さらには不必要なほど譲歩した配分案はむしろ相手からの信頼を低下させてしまうということからも、この点は強調される（Kydd 2005: 194-195）。したがって、利得配分は合意の安定性を規定する基本的要素なのであり、利得配分の問題は国際政治の領域においても重要な分析対象になりうる。そしてその論理的根拠は、ゲーム理論と国際政治学それぞれの重要な研究課題のひとつが一致していることにある。

（1）利得配分案の基礎

どのような条件を満たせば安定した利得配分になるのかは状況によって変化するが、基本として個人合理性と全体合理性、そして配分の有効条件を満たすことが必要とされる。フォン・ノイマン（John von Neumann）とモルゲンシュテルン（Oskar Morgenstern）は1944年に初めて交渉における利得配分に本格的な解を示したが、それは次のような概念に基づく[5]。

特性関数 v が協力するプレイヤーの数によって決定する n 人ゲーム (N, v) を考える。プレイヤー $i(i=1, \ldots, n)$ の利得を α_i とする。これらの系 $\alpha_1, \ldots,$

---

[5] 本書では60周年記念版を参考にしているのでvon Neumann and Morgenstern (2004)としているが、*Theory of Games and Economic Behavior* は1944年に第1版が出版された。以下、本文中でこの文献と両者の研究業績を示唆するときは *von Neumann & Morgenstern* と表記する。

a_n を n 次元空間 L_n における

$$\vec{a} = \{a_1, \ldots, a_n\} \quad (1.1)$$

として考察することにする。そのとき、個人合理性とは次の条件を満たすことをいう。

$$a_i \geq v(\{i\}) \quad (i=1, \ldots, n) \quad (1.2)$$

すなわち、協力したときに得られる利得配分 a_i の方が単独でいるときの利得 $v(\{i\})$ 以上でなければ協力が合理的選択にならないことを示している。また、全体合理性とは

$$\sum_{i \in N} a_i = v(N) \quad (1.3)$$

で表される。全プレイヤーの利得の合計が全体集合 N によって得られる利得と一致すること、すなわち配分がパレート最適解になることを意味する。

また、$\vec{a}$ は配分の有効条件を満たす必要がある。配分の有効条件とは、集合 $S \subseteq N$ について

$$\sum_{i \in S} a_i \leq v(S) \quad (1.4)$$

が成り立つことをいう。これは協力したプレイヤー全員の配分が、プレイヤーの協力によって獲得できた利得 $v(S)$ だけで供給できる内容でなければならないということである。不等号になっているのは、たとえば $v(S)=1$ をプレイヤー 1, 2, 3 で均等配分するときのような利得が割り切れない場合を含めるための表現であり、実質的には等号と解釈して差し支えない。この関係式を満たさない $\vec{a}$ は実現不可能な配分であることを意味し、プレイヤー間の協力を促すことはできない。よって、これらの条件を満たした配分が実現可能性のある配分案の候補となる。

次の (1.5) – (1.7) の性質を持つ集合 S が存在するならば、配分 $\vec{a}$ は他の配分 $\vec{\beta}$ を支配するといい、$\vec{a} \succ \vec{\beta}$ と表示する。この関係が成り立つ場合、配分

$\vec{α}$ のほうが $\vec{β}$ よりもプレイヤー i によって利得を得られる配分ということになり、$\vec{β}$ がゲームの解となることはない。いわば配分案の優劣関係を明らかにしている。

$$S \neq \emptyset \tag{1.5}$$

$$S \text{ が (1.3) を満たす} \tag{1.6}$$

$$α_i > β_i \quad for \quad \forall i \in S \tag{1.7}$$

そして、配分の集合 V が次のような性質を持つならば、V はゲームの解である。

$$[\text{内部安定性}] \vec{β} \in V \text{ はどの } \vec{α} \in V \text{ にも支配されない} \tag{1.8}$$

$$[\text{外部安定性}] \vec{β} \notin V \text{ はいずれかの } \vec{α} \in V \text{ に支配される} \tag{1.9}$$

V はそれ自体においてのみ安定性を有する解となり、個々の配分では安定性を有した解になりえない。この V を安定集合（Von Neumann-Morgenstern 解）と呼ぶ（Von Neumann and Morgenstern 2004: Ch. 6）。

　協力ゲームの解の基本はこの安定集合であり、安定した利得配分の研究は個人合理性と全体合理性を両立させる配分を見つけ出すことから出発したものである。言い換えれば、"win, win" の関係が成り立つ配分案といえる。協力関係を形成する全員にとって協力したほうが利益になるならば必然的にその協力は達成され、また簡単に破棄されることはないという信頼も生まれる。したがって、プレイヤーたちは協力関係を構築して、次に集団として一致団結して最適な行動をとることによって最初に想定した利益を獲得するのである。カルテル、連立政権、同盟といった政治経済活動における協力関係を想定すれば、これは直観的に正しいと判断できる考えだろう。

　だが、*von Neumann & Morgenstern* は複数ある配分案のどれに最終的に落ち着くのかという研究にまでは進まなかった。この問題に対する明確な解答を初めて示したのがナッシュ（John F. Nash）である。ナッシュは、対立する利害関係にあるプレイヤーの間に合意を形成する交渉過程を非協力ゲームによっ

て表現し、その結果として締結される利得配分案を定義した。これをナッシュ交渉解（*Nash bargaining solution*）と呼ぶ（Nash 1953）。

　ナッシュ交渉解はいくつかの公理を満たすことから導き出される協力2人ゲームの配分案である。論理的に交渉の結果となり得る全ての配分の集合（交渉可能領域）を S とし、ここではユークリッド空間におけるコンパクトな凸集合と定める。プレイヤー間で協力が成り立たなかった場合、すなわち交渉が決裂した場合の各プレイヤーの利得を $d=(d_1, d_2)$ とする。これがプレイヤーにとって保証される最小の利得であり、どちらのプレイヤーもこの値を下回る配分案に合意する誘因を持たない。したがって、d からどれだけ利得を改善できるのかを交渉によって決定することになる。交渉の出発点となるこの d を基準点と呼ぶ。よって、プレイヤー1, 2の利得を $u=(u_1, u_2)$ とし、ゲーム (S, d) の解を $u^*=(u_1^*, u_2^*)$ としたとき、

［公準1］個人合理性

$$u_i^* \geq d_i \qquad (i=1, 2) \tag{1.10}$$

を満たす必要がある。この条件が無ければ、プレイヤーが交渉をおこなう誘因が存在しない。次に、

［公準2］全体合理性。その配分はパレート最適でなければならない。

$$If \quad u_i \geq u_i^* (u \in S) \quad \rightarrow \quad u_i = u_i^* \tag{1.11}$$

すなわち、(u_1^*, u_2^*) に配分が決まったならば、もはやそれ以上に配分を改善することができないことを示している。(1.10) が個人合理性、(1.11) が全体合理性を満たす条件である。この2つの公準を満たす S の一部が、実際の交渉領域となる。ナッシュ交渉解には、この2つに加えてさらに3つの公準が必要とされる。

［公準3］交渉問題 (S', d') が、(S, d) から正の一次変換 $u_i' = a_i u_i + b_i$ $(a_i > 0)$ によって得られるとするならば、正の一次変換からの独立性が成り立つ。

$$If \quad f(S, d) = u^* \quad \rightarrow \quad f(S', d') = u^{*\prime} \tag{1.12}$$

この公準によって、交渉問題の本質は利得の大小や尺度などに左右されないものであることを定める。たとえば、1万円を配分する交渉でも1億円を配分する交渉でも、それ以外の条件が同じであるならば、この2つの交渉問題の本質は同じものである。もちろん、金額が大きくなればプレイヤーにかかる精神的重圧は大きくなり、それが判断を誤らせることにもなるが、ここで示しているのはプレイヤーの内面の条件ではなくプレイヤーの置かれた環境における条件のことなので、交渉問題の本質は同じものということができる。1万円を賭けたポーカーと1億円を賭けたポーカーではプレイヤーにかかる重圧はまったく異なるが、ゲームのルールそのものは同じである。

［公準4］対称性。(S, d) の解はプレイヤーの順番（誰がプレイヤー1になるか）には依存しない。プレイヤーが (S, d) において対称な立場にいるならば、その結果も対称となる。

［公準5］不適切な選択肢からの独立性。

$$If \quad u^* \in S \subset T \quad \rightarrow \quad f(T, d) = u^* \tag{1.13}$$

これは、どれほど配分の選択肢が増やされてもそれらが解より劣った配分であるならば、交渉過程には何の影響も及ぼさないことを示している。

［定理1］5つの公準を満たしたゲーム (S, d) の解 u^* は

$$u^*(u_1^*, u_2^*) = \max(u_1 - d_1)(u_2 - d_2) \tag{1.14}$$

によって一意に求めることが可能となる。

（2）政治交渉研究の主題 ― $(D, D) \Rightarrow (C, C)$ ―

ナッシュは交渉解を定める基準点 (d_1, d_2) を決定する要素を威嚇（threat）と定め、交渉が失敗したときの損害の差を基準にして相互協力によって得られる利得の配分の均衡点を導き出した（Nash 1953: 130）。このような交渉で合意を成立させるための重要な点としては、一般的にプレイヤーにとって威嚇の実行は望ましいことではないが、相手が要求に応じないときには実行しなければならないということである。このような二律背反の状況下で、どちらのプレ

イヤーも自分と協力関係を結べないときに生じる損害の大きさによって相手を威嚇し、それによって配分交渉を有利に進めようとする。しかし、それでも最後には「意識的」に合意を形成する交渉過程を表現したモデルを構築することで、自己の利益の最大化を目指すエゴイスト同士の行動であっても結果的に協力関係の構築に結び付く交渉過程を明らかにした。

　ナッシュ交渉解が数理的に優れている点は、条件を満たすゲームならば唯一の解が必ず存在することを証明したことにある。つまり、論理的には各プレイヤーが受け入れられる配分案の無い交渉は存在しないことを明らかにした。だが、それ以上に大きな意味を持っているのは、協力ゲームの解に至る経路を非協力ゲームの解概念を用いて明らかにしたことである。これはナッシュ・プログラムと呼ばれる。

　ナッシュ・プログラムという思考様式は、非協力ゲームと協力ゲームが相互補完的な関係にあり、両者を用いることで交渉問題をより的確に分析できることを示している。これは国際政治においても非常に重要な示唆を与えてくれる。その解のひとつであるナッシュ交渉解は「非協力的動機から始まった交渉が相互協力の実現に至る道筋を明らかにする」ものであり、非協力的要素と協力的要素が競合する現実世界の交渉において解決しなければならない問題を端的に表現しているからである。プレイヤー同士はもともと自己の利得の最大化を目指しており、相手の利得を優先する意思は持っていない。しかしそれにもかかわらず、相互に遵守できる合意を「意識的」に形成することが可能になることを示唆している。そしてこのような問題設定は、国際政治の問題において解決しなければならない課題と一致する。アナーキーな国際システムにおいては、国家は他国との間に信頼関係を構築することが困難であり、自己の利益を追求する必要が生じる。だが、国家間で協力関係が成り立ったほうが敵対関係でいるよりも確実に利益を確保できることがある。それをどう実現するかが国際政治の重要な課題のひとつであり、その視点はナッシュ・プログラムと変わらない。つまり、国際政治学とゲーム理論の重要な課題と解決方法の概念は一致しているといえるだろう。囚人のディレンマ・ゲームのナッシュ均衡点を (D, D) から (C, C) に移行させようというのが制度や規範に期待された役割であるな

らば、ナッシュ・プログラムもその変化の過程をより詳細に分析しようという試みといえよう[6]。そして、これまで見てきたゲーム理論の協力分析は、利得配分が $(D, D) \Rightarrow (C, C)$ を導く重要な争点であることを示している。

国際政治学では多くの場合、プレイヤー間のパワー・バランスが重視されてきたが、配分される利得とは、プレイヤー間のパワー・バランスに応じて自動的に決定するわけではなく、交渉問題に応じて有効利用できるパワー・リソースに依存する。つまり、問題によっては、パワーの優劣関係は多少なりとも変化する可能性があるということである。さらには、国家が形成された規範に従うとしてもその規範の枠内で利得配分を決めなければならないことに変わりはなく、今度はその規範に受け入れられるかたちでの配分方法を考えなければならない。

パワーと規範のどちらを基本としても、その上でおこなわれる利得配分が納得できないものであれば、結局、合意は維持されないであろう。大国は単に国政政治を動かすパワーを持っているというだけでなくそのパワーによって国際社会の安定を保つ役割を果たす一面を持っているとはいえ（ブル 2000：9章）、無原則にパワーと役割の大きさに応じた見返りを得られる保証は存在しない。ゲーム理論の概念で捉えるならば、パワーと規範は交渉可能領域を規定する役割を持っていることから、交渉において重要な役割を果たす。しかしながら、それらだけで合意内容が自動的に決定することはなく、そこから交渉をおこなわなければ配分が決まることはない。

本書では、ゲーム理論の交渉分析手法を用いて、国際社会における政治交渉

---

[6] たとえば冷戦は米ソの軍事対立という非協力ゲームと同時に核戦争の回避を達成しなければならない協力ゲームの2つのゲームが同時に進行した状況といえ、それぞれを別個に分析するだけでは冷戦の複雑さを完全に理解することは難しい。正しい理解のためにはその2つを並存させた分析が望ましい。米ソ核対立下の交渉分析の例として、ベイジアン均衡とナッシュ交渉解の組み合わせを試みたモデルを参照（芝井 2012）。ゲーム理論の創設者の一人モルゲンシュテルンも、核対立下の米国の国防を分析した際に「大規模戦争も降伏もおこらず、これら両極端の中間のどこかに平和と理解がある」と述べている（モルゲンスターン 1962：372-373）。モルゲンスターンはモルゲンシュテルンの英語読み。

の適切な解決方法を提示していきたい。そしてここで新たに主張することは、交渉において考慮しなければならない対象とは交渉当事者だけではなく、交渉の結果によって損害を被る可能性のあるプレイヤーまで含まなければならないということである。

（3） 国際政治学における利得配分分析

　鈴木光男は交渉について次のように述べた。「交渉とは何かということについては、人々はさまざまなイメージを持っていて、いってみれば、それはその人の人生観のようなものである。人生観が人それぞれであるように交渉観もまた人それぞれであるが、しかし、現実に多くの交渉がおこなわれ、それが合意に達しているということは、交渉という現実的な行為について、何らかの共通の認識を持っているからに他ならない」（鈴木 2003：138）。
　このような考え方に基づいて、ゲーム理論は社会の様々な状況に適合する規則（rules of the games）を定めて解を求め、現実のある社会状況における最適な行動を導くための示唆を与える。ゲーム理論は、望んだ結果を得るためには自分だけではなく相手の意思決定まで考慮に入れなければならない戦略的相互依存関係における最適な意思決定の分析に特化した方法論であり、政治交渉とは常に戦略的相互依存関係の中でおこなわれる以上、交渉問題における解答をもたらすのに最適な方法のひとつである。もちろん、ゲーム理論は交渉の要素を数字によって表示できる経済問題などを主な分析対象として発展したので、権利と義務といった必ずしも数字で表現しきれない政治問題を扱うときにはモデルの構築が難しくなる。モデル分析の重要な点はその状況下において論理的に最も効果の大きい行動を明らかにすることであり、その論理的・抽象的に最適な行動を現実においてどう実行するかは、政治に限らず現実社会における政策決定の難しいところになる。また、モデル分析の結果は、あくまでもそのモデル構築の仮定条件を満たした状況においてしか適用できないが、実際にモデルで仮定したいくつかの条件しか関連しない現実の交渉というのはまず存在しない。どんなに可能性が低くても不測の事態は起こりうるからである。したがって、モデル分析は現実の問題に完全に適合した具体的な行動を示すことはでき

第Ⅰ章　国際政治交渉における課題──信頼性と利得配分──　*25*

ないという限界は紛れもなく存在する。現実がモデルの想定したとおりの結果に収まるとは限らないことが、国際政治分析におけるゲーム理論の有効性に疑いを持たせる理由といえる。

　しかしながら、その限界がモデル分析の有効性を無くすかといえば決してそのようなことはない。モデル分析においては、問題の本質的な部分を浮き彫りにするとともにそれに対する最適な対応方針を提示することが最も重要だからである。現実の交渉を望んだとおりにまとめる上での障害は何なのかを考えるとき、最も重要な点を浮き彫りにすることでその問題の性質と、ある行動を選んだ場合の結果をかなり予想することができる。その代表的なモデルが前述した囚人のディレンマ・ゲームである。方法論としてゲーム理論を用いなくても、問題の本質を示すために囚人のディレンマ・ゲームというモデルは頻繁に用いられる。

　囚人のディレンマ状況を解決するための国際政治学における著名なモデル分析はコヘイン（Robert O. Keohane）であろう。コヘインは、利得の継続的獲得の可能性があれば、囚人のディレンマ状況でも相互協力が実現可能であることを示し、さらにそのモデルの結果を現実のものにする手段として国際レジームによって共通の利益を継続的に存在させることの重要性を提示した（Keohane 1984: 75-80）。国際政治学ではレジームや国際制度・組織に関する具体的な分析が現在でも研究の中心のひとつになっているが、その意義付けを論理的におこなったのはゲーム・モデルを用いた分析である。これはモデルと現実をうまく関連付けることができれば、抽象性の強い数理を用いたモデルから具体性の強い政策が生まれることを示している。

　実際に von Neumann & Morgenstern は協力ゲームの解の概念を「プレイヤー間に受け入れられた、ある状況において各プレイヤーがとるべき一連の行動規則」と定め、それを「行動基準（*standard of behavior*）」と表現した（Von Neumann and Morgenstern 2004: 31-33.）。ゲームの解は単なる数字の値ではなく、「安定した行動基準（*accepted standard behavior*）」もしくは「確立された社会秩序（*established order of society*）」とも表現されたように、それ自体が社会的意義を持つ概念なのである（Von Neumann and Morgenstern 2004:

40-43;鈴木 1999：82-86, 111-113)。行動基準の概念は（ゲーム理論を起源として意識しているのかどうかは不明だが）権利・義務・規範といった、より具体的な社会価値が加えられながらも、本質的にはほぼそのまま新自由主義制度論で用いられ、前述したように「行動規範（*standard of behavior*）」として制度の重要性を示す概念となっている。ゲームの解とは、全てのプレイヤーの間に成立する安定した行動基準、すなわち、ある状況におけるそれぞれのプレイヤーからなる社会において成立する可能性のある社会秩序、あるいは社会組織、社会習慣などを示すものである。制度や規範への合意が形成される条件だけでなく、制度や規範の成立した社会においてどのような利得配分が安定した社会を生み出すことができるのか、まで考察できる。ゲーム理論という数理的な言葉を用いる意義はこの点にある（鈴木 1994：379-383)。

だが全体的に見れば、国際政治研究においてゲーム理論が交渉分析に十分に活用されているとは言い難い。その原因として、戦後世界の国際政治学ではアナーキーという特性を重視した分析が主流となったために、ナッシュ均衡をはじめとする非協力ゲームの解の概念ばかりが用いられることになり、協力ゲームの概念に基づいた国際政治の分析が非常に少なくなってしまったことが挙げられる。国際政治における問題の根源の多くがアナーキーに求められるといえ、国際政治研究がアナーキーという概念に囚われ過ぎた一面もあることは否定できないであろう。ブル（2000）が示したようにアナーキーにあっても社会性が成立することは可能であり、さらには、現実の国際社会においては人権などの規範とそれらに基づく国際条約が締結されている。このような拘束力を持つ条約を締結するための交渉は、紛れもなく協力ゲームの特徴を備えているのである。

しかしながら、冷戦期では、核抑止戦略に基づく米ソ対立の分析に合理的選択や戦略的思考といった思考様式が重要な役割を果たすことになり、それが国際政治学において非協力ゲームの概念だけを用いた分析が主流となる原因となった（Geller 1990; Jervis 1978; Lynn-Jones, et al. 1990; Powell 1987, 1988, 1989a, 1989b; Snyder 1978; Schelling 1960; Waltz 1979)。軍事的対立にあって互いに勝利を求めるものの、その一方で核戦争による破滅を共同で回避しよ

うとする特殊な状況は、非協力ゲームだけでなく協力ゲームの特徴をも備えている状況であるにもかかわらず、一方面の特徴だけが重視された結果、その分析には協力ゲームの概念は用いられなかったのである[7]。だが、現実の社会では、法や規則に加えて規範や道徳などによる制約を受けることが多く、現在では国際社会においても、人権概念のように主権概念を超えて世界規模の共通規範となりつつある概念が存在している。現在の国際政治学では国際制度・組織に加えて規範や価値観による分析が盛んになっていることから分かるように、非協力ゲームによる分析ばかりでは適切とはいえない国際問題が多く存在する。そこでは、協力ゲームが模索してきた「協力が可能であるとして、どのような協力の仕方が多くのプレイヤーにとって最適かつ安定したものになるのか」という問いを考えることが重要になるからである。そして、この分析の中心がプレイヤー間の利得配分となる。

　プレイヤー間で提携が実現する基本的な理由は、そうすることで単独でいるよりも利得を維持・増加できることにある。それは通常の国家間関係だけでなく、同盟のような友好関係にある国家間であっても同様である。同盟関係にあれば、互いの利害関係に配慮するのは当然であるかもしれないが、それが相手を納得させられる内容でなければ同盟の意味がなくなってしまう。したがって、仮に交渉をおこなう国家間関係が友好的であってもそれだけで交渉問題は解決せず、利得配分は常に相手が納得できるかたちでおこなわなければならない。第三者が交渉当事者の同盟国であったとしてもそれは同様であり、同盟国だからといって交渉の際にこちらの利害関係を常に考慮してくれるとは限らない。だからこそ、拡大抑止で強固な軍事ブロックを構築した冷戦の東西陣営内でさえ、超大国である米ソの意向に逆らって核保有を目指した国家が出現したといえる。

　このような考えから、利得配分の概念を国際政治の交渉分析に用いること

---

7) フォン・ノイマンは非協力ゲームの解であるナッシュ均衡の意義をなかなか認めなかったといわれる。その理由のひとつは、協力ゲームの方が非協力ゲームよりも社会的に意味があると考えていたためであるという（鈴木 1999：182）。

で、これまでの非協力ゲームの視点と異なる角度からの分析を試みる。

4 交渉問題における分析範囲 ― 第三者の存在 ―

　政治においてプレイヤー間の関係が安定している状態を定義すると、交渉で決められた利得配分にどのプレイヤーも不満を持たない、少なくとも再配分を要求しない状態のこととして捉えられる。この配分とは、そのプレイヤーが得た「権利」と言い換えることもできる。そして、他プレイヤーに認めた配分とは、自分にとって遵守すべき「義務」と言い換えることができる。多くの権力基盤を持つプレイヤーほど多くの権利を得られるが、それでも決して無償で得ることはできない。したがって、どのプレイヤーも納得できる権利と義務の配分の実現は、秩序を維持するための重要な条件となる。権利と義務が適度に均衡しているならば政治システムは安定し、反対に不均衡ならば不安定化する。また、このような政治交渉においては、互いに得られる権利を増やすために協力することが往々にして見られる。それはすなわち"*win, win*"の結果を求める集団同士に成り立つ交渉である。

　だが、適切な利得配分が合意維持の必要条件であるならば、どの程度の範囲まで利得配分を考慮しなければならないのか。これが問題になる。通常ならば交渉当事者たちだけを考慮すればよいかもしれないが、国際政治においては、その考えは必ずしも十分ではない。後述するように、大国間交渉の結果は交渉当事者以外にも広く影響を及ぼし、それによって被害を被った国家や民族はそれに対して反抗することで、合意を不安定化させることもある。また世界経済においては、どこかの国家・組織の経済政策が世界中に悪影響を及ぼしうる。世界恐慌の際の米英のブロック経済が日本・ドイツの経済を悪化させたこともあるし、OPECが決定する原油輸出量の制限が石油輸入国の経済を圧迫するなど、一部の国家の取り決めがその場にいない国家に影響を及ぼすことは珍しくない。

　このような特徴を考えるならば、国際政治交渉の分析には、交渉問題の通常の捉え方である交渉当事者の利害関係だけではなく、交渉の結果に利害関係

がかかわるプレイヤーまで考慮した交渉分析が必要になる。本書は、この交渉当事者ではないが利害関係のかかわるプレイヤーのことまで考慮に入れることが、合意や協力関係の維持に必要であることを主張する。そのような立場のプレイヤーが本書の定める「第三者」である。

第三者とは、交渉の場から実質的に排除されながら合意によって不利益を被りうる立場にあるプレイヤーのことを意味する。第三者が存在することは、その社会に2つの事象が起こる可能性をもたらす。第1に、ある特定のプレイヤーから一方的に搾取し続けることによって成立する社会は、いつか搾取できる資源を失うことになり、その配分は継続不可能になること。第2に、第三者が不利な配分を押し付けられることを拒否したとき、その配分を成り立たせている規則や制度など社会構造自体の破壊を目指す可能性があることである。歴史的に見れば、第1の事態になる前に、革命・戦争・条約破棄などのかたちで第2の事態が発生している。

長期的視野を持つならば、最終的に社会の崩壊を招くような配分は適切な解とはいえなくなる。このようなプレイヤーのことまで考慮に入れた多角的交渉は、どのように考えるべきなのであろうか。さらには、その合意内容によって影響を受ける第三者の数が多い、もしくはその影響力が大きければ、第三者の対応は合意の安定的維持のためにはさらに無視できない要因となる。合意を形成する当事者たちが利得の最大化を目的とすることは当然だが、利得を長期的に維持したければ、合意内容を無効化させる行動を他者に取らせないように管理することが必要となるからである。いかに交渉結果に伴う第三者の損失を考慮して自主的な制約を反映させた合意を形成すれば、自己の利得の増加と第三者の承認を確保できるのか。合意形成においては、この相反する条件を両立させる妥協案を構築しなければならないのである。

（1） 歴史上の政治交渉問題

ここで、第三者問題が合意を破綻させた歴史的事例として階級闘争と第一次世界大戦後の大国間協議を解説したい。

いずれの事例においても、第三者は交渉当事者たちによって不利益を被り、

負担を押し付けられてきた。そして最後には、交渉当事者の合意に反抗した第三者は、合意の枠組みそのものを破壊する行動に出ている。これらの事例から見えることは、合意の長期的安定性は、合意形成に参加した交渉当事者だけでなく、合意形成に関与できなかった第三者の行動に多く依存してくるということである。

したがって、どれだけ合意を破壊される可能性を未然に考慮した配分案をあらかじめ提示できるかが、合意が安定して維持されるためには重要な争点になる。第三者の事例は、実際に事件が起こったときに初めて第三者のことを考慮に入れなかったことが問題視されたのであって、合意形成においてはまったく問題視されていないか、その存在に気付いていない。後の時代からその事例を見たときには考慮して当然とされたことが、その当時においては大抵は見逃されていたからこそ、その後に破綻を招いてしまうのである。

封建政治 フランス革命が起こった当時のフランス封建政治では、貴族と宗教勢力が政治の決定権を持っていた。2つの階級は様々な徴税権に加えて免税・年金といった既得権益をめぐって対立をしていたが、それはあくまでも自分たちが支配階級でいられる政治体制の枠の中でのことであり、全体としては双方とも利得を確保できるかたちで共存関係を保っていたし、相互の既得権益が減少したりしないように協力し合っていたといえる。税制度と法制度に関する提案は、常に貴族と宗教勢力が損害を被らないように第三身分への負担を増すかたちで決定されていた。

ブルボン王朝末期においては、ルイ14世によるスペイン継承戦争をはじめとする大規模な対外戦争や米国独立戦争への支援による莫大な債務、そして天候不順による凶作などによって財政は悪化の一途を辿っていた。そのような国家財政を考えれば、貴族と教会勢力がそれまでと同等の既得権益を維持し続けることは困難であり、ましてや増加させることなどは不可能であった。それにもかかわらず貴族と宗教勢力は自分たちへの課税は拒否し、第三身分の税負担を減少させることもなく、自分たちの利得を維持するために搾取し続けたのである。それに対して第三身分には参政権も無かったため、税制をめぐる政治交渉に参加することもできなかった。一度は第三部会が召集されたことで、政治

交渉によって解決される可能性もあったがすぐに議会は閉鎖されたため、貴族と宗教勢力、そして現在の政治制度によって自分たちの状況が改善されることはないと判断した第三身分は、革命によって政治体制そのものを破壊することを選び、封建制は崩壊した。

大国間協議　第一次世界大戦の講和会議は大国が中心となって進められたが、特に1919年3月にウィルソン、ロイド・ジョージ、クレマンソーによって構成された三巨頭会議が中心となって平和条約が作成され、他の国家はほとんど決定権を持つことができなかった。日本はその下の機関として置かれた五人会議に代表を入れただけの名目上の大国に過ぎず、当初は巨頭会議の一員であったイタリア首相オルランドは、参戦時に英仏から約束されたフィウメ領有が米国にまったく受け入れられなかったために抗議して4月に帰国していたが、米英仏はその間に交渉を進めて講和条約案を作成してしまったため、実質的にイタリアは会議の決定に関与できなかった。イタリアを排除したまま米英仏が作り上げた条約案は、参戦時にイタリアと交わした約束が加えられないままであった。イタリアはその内容に強く抗議したものの米英仏の圧力に抗議しきれず、調印せざるを得なかった。

　一方、講和条約の制定会議に参加することもできず、5月になって初めて講和案を提示されたのが敗戦国のドイツであった。米英仏はドイツの扱いに対して意見を異にしており、講和条約案が懲罰的な内容になったのも3か国の妥協の産物であった。クレマンソーは普仏戦争以来ドイツに対して強い敵対心を抱いており、またフランスの安全保障を確保するためにもドイツを無力化することを強く望んだ。一方、ロイド・ジョージは、ドイツをあまりに弱体化させると大陸においてフランスが優越的地位に立ってしまうことと、ドイツ市場を失うことを懸念していたために、厳しい条約内容には反対であった。しかし、和平会議前におこなった議会選挙において、市民の対ドイツ感情を考慮した講和条件に関する公約をしていたために、講和会議においてできることが制限されてしまっていた。そしてウィルソンは国際連盟の設立を実現するために英仏の協力が必要としていたために、あまり強硬な態度を取れなかった。さらに、1918年11月の下院選挙と1919年2月の上院選挙において民主党が敗北した

ことから議会における影響力を大きく弱めていたために、国内からの反発を受けかねない積極的な国際情勢への介入が難しくなっていた。最終的には、戦争責任と賠償金に加えてシュレスヴィヒをデンマークに、アルザス＝ロレーヌをフランスに、ズデーテンをチェコに、オーバーシュレジエンをポーランドに割譲させるなど、権益を求める戦勝国の要求と民族自決を実現しようとする米国によって、ドイツ人の居住地を他の国家に強制的に割譲させられたのである。ドイツは提示された条約案に対していくつかの修正を要求したが、調印直前まで抗議し続けたのが戦争責任条項に対する抗議であった。それに対して特に強硬な態度をとったのがロイド・ジョージであった。フランスの要求する過酷な賠償には消極的であったイギリスは、戦争責任という法的・道義的な問題に関してはフランスよりも強硬な態度をとったのであり、イギリスは最後通牒によってドイツに条約案を強制的に受け入れさせたのである。

　ヴェルサイユ条約はこうした大国の間だけの妥協で成立した講和条約であったが、その直後にイタリア、後にドイツが講和条約の違反行為をおこない、最後には戦争を引き起こした。イタリアにとって講和条約は参戦時に約束した見返りを含んでいないどころか、「未回収のイタリア」問題解決の妨害といえる内容であった。イタリアは第一次世界大戦参戦の条件として、かつてヴェネツィア共和国領であった南チロル、フィウメ、ダルマツィア沿岸部の領有を英仏に約束させていた。しかしながら講和会議では、イタリア側からダルマツィアの要求を自ら撤回してまでフィウメ領有を強く要求したにもかかわらず、フィウメはクロアチア領であると主張したウィルソンに反対され、最終的には南チロルしか獲得することができなかった。イタリア人の宿願を妨害されたかたちになったこの事件に対するイタリア人の反発は大きく、イタリアは1921年には講和条約に反してフィウメへの軍事行動をおこなった。そして1922年にムッソリーニはイタリア軍をフィウメに進駐させ、1924年に軍事力で以ってイタリアに併合したのである。

　一方、講和会議に参加もできず、天文学的な賠償金とドイツ人居住地域の割譲に加えて戦争責任まで取らされたドイツもこの講和案に強い不満を覚えたが、敗戦国としての立場上、署名せざるを得なかった。だが、戦後不況下に

もかかわらずおこなわれた賠償委員会の過酷な賠償金取立て、フランスとベルギーによるルール占拠など戦勝国の無慈悲な政策に対するドイツ国民の不満は非常に大きく、ヴェルサイユ体制に対する反発は賠償額が減額されても解消することはなかった。世界恐慌によってドイツ経済が破綻してナチス政権が発足するとともに、ヴェルサイユ体制打破を本格化させていったが、ワイマール体制下のドイツでもヴェルサイユ体制ひいては米英仏への反発は根強く残っており、それがこの時期に顕在化したといってよい。

　要約すれば、パリ講和会議とは、米英仏がそれぞれの目的（民族自決・欧州の安定・ドイツ弱体化）のために妥協案を成立させたが、そのために敗戦国ドイツに大きな負担を押し付け、さらに味方であったイタリアとの約束を履行せず参戦の見返りをほとんど与えず、自分たちの取り決めた条約案を強制的に受け入れさせた交渉であった。その後も米英仏は既得権益を守ることに終始して独伊の問題に配慮を示さなかった結果、のちのちの条約違反行為につながったのである。

　これら歴史的事例における多角的な政治交渉で成立した合意案は、交渉当事者同士が納得するだけでは維持できなかった。合意によって影響を受ける他の勢力の利害関係のことを配慮しなかったため、その合意は交渉当事者が望んだ結果を維持することができなかったのである。

（2）第三者の重要性

　たとえ交渉当事者だけで納得した合意を形成しても、第三者がそれを黙認しない限り、いつかは合意が維持できない事態に陥ることになる。このような事態を回避するためには、交渉当事者だけが納得できる利得配分ではなく、第三者も納得できる利得配分を交渉当事者間で形成しなければならない。そのために、本書では交渉当事者から交渉に利害関係を持つプレイヤーにまで視野を拡大して、国際政治における協力の実現メカニズムを明らかにしていく。プレイヤー間の合意が長期にわたって安定し、維持されることは、信頼構築ひいては国際秩序の形成に必須の条件である。そのために、交渉問題を交渉当事者間の問題ではなく交渉に利害関係を持つプレイヤー全体の問題として捉えることが必要になるのである。

このモデルを用いて分析する事例が核不拡散体制の創設をめぐる多角的交渉である。核拡散問題は単純に大量破壊兵器拡散の阻止という規範的な面だけで議論できることではなく、核の脅威への対抗措置を求めるならば核保有の必要性が生じうるために、安全保障の観点からも考えなければならない。東西陣営の前線に位置する国家にとっては安全保障政策に関する関心が強いため、安全保障問題の側面からNPTを評価する必要がある。それに対して軍事的脅威が少なくむしろ他国の核戦争の巻き添えになる可能性のある国家、たとえばオセアニアやアフリカの諸国は規範的な側面からNPTを評価する傾向が強いだろう。核戦争の防止と安全保障に必要な核抑止という相反する利害関係が絡むことが核拡散問題の解決を困難にし、多国間交渉の妥結を難しくする。特に、核開発に関する不平等な規則がこの問題をより深刻なものにしたといえる。一部の国家が核保有できるにもかかわらず自分が核開発を断念するということは、一方的な核の脅威にさらされる可能性が出てくるからであり、さらに、核抑止力は軍事格差の大きい国家にも通用する防衛手段となるため、大国との関係に問題を抱える中小国にとっては非常に有用な安全保障措置になるからである。しかしながら、核保有国が増加すれば必然的に核戦争が勃発する可能性も高まることになる。その懸念が米ソの協調をもたらし、東西陣営がPTBPとNPTに加盟することになったのである。

だが、これだけの安全保障措置を自主的に断念させる条約であるからには、核抑止を必要とする国家にはそれだけの見返り、安全保障措置の代替案を提示する必要がある。特にそれが必要とされたのが冷戦の最前線であった欧州と東アジアであったが、その中でも特にソ連の圧力を間近に受ける西ドイツの核保有は、ナチスの侵略の歴史とあいまって、極めて重要かつ繊細な問題であり、ソ連だけでなく米国にとっても対応に苦慮する難問となった。本書では、それを解決するために米ソがおこなった核不拡散交渉が、じつは現在の東アジアの核問題情勢を形成するだけの影響を及ぼしたとの仮説を提示し、欧州と東アジアの核問題の関連性を明らかにする。

欧州の核不拡散交渉における第三者とは中国である。ナチスの侵略以来、ドイツの軍事力を何よりも恐れたソ連は西ドイツが核保有国となることは絶対に

回避したかった。だが、西ドイツにとっての軍事的脅威であるソ連が西ドイツの核保有を断念させる役割を担うことは不可能であり、その役割を担える米国との協力が不可欠であった。西ドイツを説得してもらうために核問題で米国と協力関係を築く必要があるものの、対立関係にあるソ連が西ドイツの軍事問題に介入するような行動を米国は簡単には受け入れなかった。そのため、ソ連は米国の懸念材料になりつつあった中国の核開発を中断させようとすることで米国に見返りを提示し、協力関係を築いたのである。

　ところがその交渉は、中国からすれば、まったく関係のない欧州情勢の安定化のための交渉コストを米ソから押し付けられた格好となった。それに反発した中国はソ連の技術支援打ち切りに怯むことなく独自開発を続け、1964年に核保有国となった。この一連の核不拡散交渉の結果として西ドイツの核問題は解決し、欧州情勢は安定した。しかしその一方で東アジア情勢は複雑化し、核拡散の可能性を大いに高めた。中国の核の脅威に対抗したい日本・韓国・台湾で核保有論が強まったからである。特に韓国は完成寸前まで開発が進んだといわれる。この情勢変化によって、米国は同盟国の核開発を阻止するために安全保障コミットメントの再確認と核開発の監視を継続する必要に迫られ、東アジアにおける外交コストが増加した。そしてソ連もまた、対立を深めた中国に北朝鮮が接近することを懸念して、北朝鮮が求めた核技術支援をおこなったのである。IAEAが認めた範囲内での技術支援であったが、この技術支援が現在の北朝鮮核問題の遠因となっているのである。米ソは、第三者である中国への配慮を欠いた結果として、東アジアにおける外交コストを増加させることになったのである。

　第三者は交渉問題において決して無視すべき存在ではなく、交渉当事者が交渉過程において常に把握しておかなければならない重要なプレイヤーである。本書はそれを核拡散問題の分析を通じて明らかにする。

第 II 章
地域横断する核不拡散交渉の分析枠組み

　本章では、本書の交渉分析の中心となるゲーム・モデルの構築をおこない、第三者の存在する多国間交渉の結果がどのようなものになるのかを検証していく。通常の協力ゲームとは異なり、ゲームの結果に影響を受けるがゲームの進行に影響を及ぼすことができない特殊なプレイヤーを加えた協力ゲームを構築することで、第三者の問題を説明することを試みる。

　構築したいゲームの重要な参考となるのが、*von Neumann & Morgenstern* による一般 n 人ゲーム構築の過程である。非零和ゲームを構築するために *von Neumann & Morgenstern* がとった方法は、構築した零和 n 人ゲームから零和性の制約条件を除去してゲームを構築し直すことであった。そこでまず、零和 n 人ゲームの基本構造を説明する。

　一般ゲームとは、零和性を持つゲームと非零和性を持つゲームのどちらも扱うことができる包括的なゲームのことを指す。零和ゲームの特徴はプレイヤー間の利害関係が完全に対立した状況の戦略を考えるモデルであることに対して、非零和ゲームはプレイヤー間の利害関係が完全には対立しておらず、相互に利得を得る戦略を取ることが可能な状況を想定したモデルである（Luce and Raiffa 1957: 88-89）。

　当然のことながら非零和ゲームの方が汎用性も高く、実際の多くの社会問題を分析することにより適している。代表的な非協力ゲーム・モデルである囚人のディレンマやチキン・ゲーム、協力ゲームの代表的な解であるコアやシャプレー値なども全て非零和ゲームである。囚人のディレンマ・ゲームは協力すればよい結果を得られるのに互いに非協力的行動を選択せざるを得ない状況を示

しており、それはアナーキーという特性ゆえに不可避といえる保証措置の欠如という相互協力が阻害される国際政治の本質的な問題を的確に表現している。前述したとおり、それゆえ国際政治学では、いかにして囚人のディレンマを克服するかという問いが中心的議題のひとつとして扱われてきた。

　実際に、現実社会の問題では対立する要素と協力できる要素とが混在している状況が一般的であり、プレイヤー同士が完全に対立する零和ゲームの状況はほとんど見受けられない。だからこそ、相互協力を確約するための手段の模索、もしくは相互協力によって生じた余剰利得の配分方法が交渉分析の中心となっている。

　だが、協力や合意形成による利得とは、当事者同士の努力だけで増えるときばかりではない。そうでないときの余剰利得はどこから発生するのか。有限の資源しか存在しない現実社会では避けては通れない疑問であろう。そしてそのような場合には、往々にして強い立場にいる交渉当事者同士による弱者からの搾取や弱者への負担の押し付けが起こりうる。

　限られた立場の者だけが参加する配分交渉は、そこに参加するプレイヤーの利得関係にのみ基づいておこなわれるため、結局は交渉当事者以外に犠牲を強いる結果をもたらしうる。そのため、第三者への配分問題がこれまで注目されることはなかったが、安定した合意形成において考えなければならない重要

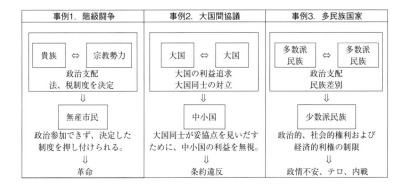

図Ⅱ-1　第三者の具体的事例

な要素のひとつといえよう。その合意内容によって影響を受ける第三者の数が多い、もしくはその影響力が大きければ、第三者の対応は合意の安定的維持のためにはさらに無視できない要因となる。協力する当事者たちが利得の最大化を目的とすることは当然だが、利得を長期的に維持したければ、合意内容を無効化させる行動を他者に取らせないように管理することが必要となるからである。いかに交渉結果に伴う第三者の損失を考慮して自主的な制約を反映させた合意を形成すれば、自己の利得の増加と第三者の暗黙の承認を確保できるのか。合意形成においては、この相反する条件を両立させる妥協案を構築する必要がある。

　第三者が大きな影響を持った歴史的事例として挙げられるのが階級闘争、大国間協議、多民族国家などであるが、いずれの事例においても、第三者は交渉当事者たちによって不利益を被り、負担を押し付けられてきた。そして最後には、交渉当事者の合意に反抗した第三者は、合意の枠組みそのものを破壊する行動に出ている。これらの事例から見えることは、合意の長期的安定性は、合意形成に参加した交渉当事者だけでなく、合意形成に関与できなかった第三者の行動に多く依存してくるということである。

　したがって、どれだけ未然に合意を破壊しうる可能性を考慮した配分案をあらかじめ提示できるかが、合意が安定して維持されるためには重要な要素といえる。第三者の事例は実際に事件が起こったときに初めて第三者のことを考慮に入れなかったことが問題視されたのであって、合意形成においては問題視されていないか、その存在に気付いていない。歴史的事例を見たときには問題を回避するためには考慮して当然だったこととされることが、交渉の時点では大抵見逃されてきたのが実情といえる。つまり、非零和ゲームとして捉えられてきた問題も、視野を広げれば一方的な損害を被るプレイヤーが存在する零和ゲームとしての性質を備えていることが分かる。ゲーム理論においては、このような視点を通して一般ゲームは構築された。本書の第三者の存在という概念も、そこから示唆を得たものである。そこでまず、一般ゲームを構築する過程を記述したい。

1 プレイヤー $n+1$ が存在する交渉ゲーム[8]

ここから零和 $n+1$ 人ゲームの構築に入る。プレイヤーを $1, 2, \ldots, n$ で表し、全集合を $I = \{1, 2, \ldots, n\}$ とする。もしプレイヤーが2つの集団に分かれて、それらを集団内で完全な協力体制が確立すると仮定できるならば、零和 n 人ゲームは零和2人ゲームに還元される。正確には、I の部分集合を S、その補集合を R とすると、S に属するプレイヤー k が互いに協力し、R に属するプレイヤー k が協力するときに結果として生じる零和2人ゲームを分析するのである。

このゲームにおける S に属する全プレイヤー k のゲームの値を $v(S)$ と表示する。$v(S)$ の数学的表現は以下のようになる。

利得の最大値を1とする還元型零和 n 人ゲームを考える。以下のゲームは特に言及しない限り還元型ゲームである。各プレイヤー $k = 1, 2, \ldots, n$ がそれぞれ変数 τ_k を選択するとき、それらの利得は

$$K_k(\tau_1, \ldots, \tau_n)$$

となり、ゲームは零和なので

$$\sum_{k=1}^{n} K_k(\tau_1, \ldots, \tau_n) \equiv 0 \tag{2.1}$$

となる。それらの変数の領域を

$$k = 1, 2, \ldots, n \text{ に対して} \quad \tau_k = 1, \ldots, \beta_k$$

とすると、次のような零和2人ゲームの状況を考えることができる。

単一プレイヤー $1'$ は S に属する各プレイヤー k の変数 τ_k の集合体を持つ。

---

[8] Von Neumann and Morgenstern (2004), Ch. VII, XI, 特に 505-542 を参照。零和 $n+1$ 人ゲームの本来の用途である零和ゲームから一般ゲームへとゲームを拡大する過程の説明は省いているので、詳細なゲーム構築に関しては原書を参照されたい。

同様に単一プレイヤー $2'$ は R に属する各プレイヤー k の変数 τ_k の集合体を持つ。ここでは、それぞれの変数 τ_k の集合体を τ^S, τ^R と表示し、

$$\tau^S = 1, \ldots, \beta^S, \quad \tau^R = 1, \ldots, \beta^R$$

とすると、(2.1) より、プレイヤー $1'$ は合計値 $\overline{K}(\tau^S, \tau^R)$ を得て、プレイヤー $2'$ はその符号を転換した値を得るので、

$$\overline{K}(\tau^S, \tau^R) = \sum_{k \in S} K_k(\tau_1, \ldots, \tau_n) = -\sum_{k \in R} K_k(\tau_1, \ldots, \tau_n) \tag{2.2}$$

が成り立つ。

プレイヤー $1'$ の混合戦略を S_{β^S} の $\vec{\xi}$ とし、その構成要素を ξ_{τ^S} と表す。この混合戦略は全ての β_k の組み合わせが生じる同時確率で、次のような性質がある。

$$\xi_{\tau^S} \geq 0, \quad \sum_{\tau^S} \xi_{\tau^S} = 1$$

プレイヤー $2'$ の混合戦略を S_{β^R} の $\vec{\eta}$ とし、その構成要素を η_{τ^R} と表す。したがって、S_{β^R} の $\vec{\eta}$ も次のような性質がある。

$$\eta_{\tau^R} \geq 0, \quad \sum_{\tau^R} \eta_{\tau^R} = 1$$

よって利得は、双一次形式 $K(\vec{\xi}, \vec{\eta})$

$$K(\vec{\xi}, \vec{\eta}) = \sum_{\tau^S=1}^{\beta^S} \sum_{\tau^R=1}^{\beta^R} \overline{K}(\tau^S, \tau^R) \xi_{\tau^S} \eta_{\tau^R} \tag{2.3}$$

で求められる。この双一次形式に対しては、max min 演算が可換となることが鞍点定理により証明されて

$$\max_{\vec{\xi}} \min_{\vec{\eta}} K(\vec{\xi}, \vec{\eta}) = \min_{\vec{\eta}} \max_{\vec{\xi}} K(\vec{\xi}, \vec{\eta})$$

が成立する。これを

$$v(S) = \max_{\vec{\xi}} \min_{\vec{\eta}} K(\vec{\xi}, \vec{\eta}) = \min_{\vec{\eta}} \max_{\vec{\xi}} K(\vec{\xi}, \vec{\eta}) \tag{2.4}$$

と表すことにする。

　関数 $v(S)$ は全ての部分集合 S に対して定義され、値として実数をとる。したがって、$v(S)$ は実数値集合関数である。これを零和 n 人ゲームの特性関数と呼ぶことにする。

　S が独力で獲得できる利得を $v(S)$ とする。どのゲームの特性関数も次のような基本的性質を満たす。

　　　　[特性関数の基本的性質]
$$v(\emptyset)=0 \tag{2.5}$$
$$v(R)=-v(S) \tag{2.6}$$
$$v(S\cup T)\geq v(S)+v(T), \quad if \quad S\cup T=\emptyset \tag{2.7}$$

　この $v(S)$ を基にした零和 n 人ゲーム Γ における零和性の制約条件とは (2.1) であり、それに制約されなくなるということは、零和 n 人ゲームで構築した理論の基盤となる全ての概念、すなわち特性関数、支配、解などを再考する必要が生じる。そこで von Neumann & Morgenstern は、一般ゲームを零和ゲームとして再解釈することでそれを実行した。すなわち、零和 n 人ゲームの進行過程になんら影響を及ぼさず、かつ n 人のプレイヤーが得る(失う)総利得と同等の値を失う(得る)架空の $n+1$ 番目のプレイヤーを加えることで、零和ゲームで一般ゲームを表現したのである。このようなプレイヤーが存在すれば、他のプレイヤーがどれほど利得を増加させてもその余剰利得を補填することが可能となり、n 人のプレイヤーの間にはどのような協力も成り立たせることができる。この $n+1$ 番目のプレイヤーが本書における第三者となる。

2　零和 $n+1$ 人ゲームの基本概念

　架空のプレイヤー $n+1$ は現実の n 人のゲーム Γ のプレイヤーが得る(失う)総利得と同等の値を失う(得る)ものとし、プレイヤー $n+1$ はゲームの進行過程に対して影響力を持ってはいけないものとする。これらを数式で表現すると

$$K_{n+1}(\tau_1, \ldots, \tau_n) \equiv -\sum_{k=1}^{n} K_k(\tau_1, \ldots, \tau_n) \tag{2.8}$$

となる。このような零和 $n+1$ 人ゲームを $\bar{\Gamma}$ と表すことにする。

　ここで問題となるのは、架空のプレイヤーは本当にゲームの進行過程に影響を及ぼさない存在とすることができるのかどうかである。もしゲーム $\bar{\Gamma}$ を実行したときに架空のプレイヤーが提携形成の見返りを要求できるような立場にあれば、架空のプレイヤーが現実のプレイヤーのように行動したときはゲームに対する影響力を持つことになる。

　例として、利得を最大1とした単純な零和2人ゲームを考えて、そこに架空のプレイヤー3を加えてゲーム $\bar{\Gamma}$ を構築する。するとこのとき、次のような問題が生じる。

　プレイヤー1, 2が戦略1を選べば+1（配分は $\{0.5, 0.5\}$）、それ以外のときは互いに−1を得るものとする。その場合の $v(S)$ は次のようになる。

$$v(\{1\}) = v(\{2\}) = -1$$
$$v(\{1, 2\}) = 1$$
$$v(\emptyset) = 0$$
$$v(\{3\}) = -v(\{1, 2\}) = -1$$
$$v(\{1, 3\}) = -v(\{2\}) = 1$$
$$v(\{2, 3\}) = -v(\{1\}) = 1$$
$$v(\{1, 2, 3\}) = -v(\emptyset) = 0$$

まとめると

部分集合 S の元の個数が $\begin{cases} 0 \\ 1 \\ 2 \\ 3 \end{cases}$ のとき、$v(S) = \begin{cases} 0 \\ -1 \\ 1 \\ 0 \end{cases}$

となり、この解は零和3人ゲームの解と一致する。そうなると、架空のプレイヤー3はプレイヤー1, 2と同じ役割を持つことになり、ゲームの進行過程に影響を持つプレイヤーとなるため、これは避けなければならない。

架空のプレイヤー3が現実のプレイヤーであると仮定すると、プレイヤー3の利得は

$$K_3(\tau_1, \tau_2) = -K_1(\tau_1, \tau_2) - K_2(\tau_1, \tau_2) = \begin{cases} -1, & \text{for} \quad \tau_1 = \tau_2 = 1 \\ 2, & \text{otherwise} \end{cases}$$

となり、プレイヤー3にはプレイヤー1, 2に戦略1を選ばせないように行動する誘因が存在する。さらに、プレイヤー3は他のプレイヤーに1.5の分配を提案することで、いずれかのプレイヤーと提携を結ぶことができる。

このように、架空のプレイヤー$n+1$は手番を通じた直接的手段ではなく、補償を提示するという間接的な手段によって提携をめぐるゲームに影響を及ぼすことができる。結論として、零和ゲーム$\bar{\Gamma}$は一般ゲームと無条件に同値と考えることはできない。そこでもう一度、上述した零和3人ゲーム$\bar{\Gamma}$を考える。

このゲームでは、プレイヤー3はあくまでも形式的な存在に過ぎないので、ゲームに影響を及ぼす事態が生じることは避ける必要がある。したがって、ここでは零和3人ゲームにおける解の集合の中でプレイヤー3が負の利得となる解でゲームが常に終結するための条件を見つける必要がある。

$$v(\{i\}) = -\gamma, \quad \gamma = 1$$

とする零和3人ゲームを考える。このゲームの配分を

$$\vec{a} = \{c, a, -c-a\}, \quad -1 \leq a \leq 1-c$$

とする。架空のプレイヤー3が常にcを獲得し、現実のプレイヤーの提携$\{1, 2\}$が常に$\{a, -c-a\}$を獲得するならば、問題となったプレイヤー3による補償の可能性を排除できるので、プレイヤー1, 2は互いに裏切りを考慮することなく提携することができる。

このゲームでは2人の提携によって全てが決定されるので、下記のいずれかの配分をもって終了する。

$$\{-1, 0.5, 0.5\}, \quad \{0.5, -1, 0.5\}, \quad \{0.5, 0.5, -1\}$$

$c=-1$ のときにプレイヤー3がcを与えられる配分のことを差別解 (*discriminatory solutions*) と呼ぶ。ここでは $\{0.5, 0.5, -1\}$ が差別解である。

ただし、零和3人ゲームの解にはもうひとつの c が存在し、$-1 \leq c < 0.5$ となるときがあるが[9]、その場合の c は零和 $n+1$ 人ゲームでは採用されない。その説明も含めて議論を進めていく。

ここから、一般 n 人ゲーム Γ に一致する零和 $n+1$ 人ゲーム $\overline{\Gamma}$ を構築する。まず、次の約束を定める。

ゲーム $\overline{\Gamma}$ の全ての解 $\overline{V}$ の集合を Ω とする。 (2.9)

ある数 c が与えられたとき、解 $\overline{V}$ の全ての配分 $\vec{a} = \{a_1, \ldots, a_n, a_{n+1}\}$ において $a_{n+1}=c$ となるゲーム $\overline{\Gamma}$ の解の系を Ω_c とする。 (2.10)

全ての Ω_c の集合の和集合を Ω' とする。 (2.11)

$c = v(\{n+1\}) = -v(\{1, \ldots, n\})$ となる Ω_c を Ω'' とする。 (2.12)

(2.11) においては、いくつかの c においては $\Omega_c = \emptyset$ となる。このような c は Ω' を形成するときには明らかに省いてよい。このゲームにおいては、$v(\{i\})$ がプレイヤーが獲得しうる最低の値と定義できるので、$v(\{n+1\}) > c$ となる配分は存在しない。したがって、そのときには $\Omega_c = \emptyset$ となる。$a_{n+1} \geq v(\{n+1\}) = -v(\{1, \ldots, n\})$ となるには $c \geq -v(\{1, \ldots, n\})$ となる必要があり、それ以外は $\Omega_c = \emptyset$ となる。さらに、

---

9) 零和3人ゲームの解に関しては、von Neumann and Morgenstern (2004), 282-288 を参照。

$$\alpha_{n+1} = -\sum_{1}^{n} \alpha_k \leq -\sum_{1}^{n} v(\{k\})$$

となるには $c \leq -\sum_{1}^{n} v(\{k\})$ となる必要があり、それ以外は $\Omega_c = \emptyset$ となる。

よって c は次の制約条件に従わなければならない。

$$-v(\{1, \ldots, n\}) \leq c \leq -\sum_{1}^{n} v(\{k\}) \tag{2.13}$$

(2.12) の Ω'' は (2.13) の最小値に属している。しかし、Ω' と Ω'' のどちらが全て有意な解の系なのか明らかではない。ここでは Ω'' が差別解であることを示す。

次の配分のゲーム $\bar{\Gamma}$ を考える。

$$\vec{a} = \{\alpha_1, \ldots, \alpha_n, \alpha_{n+1}\} \tag{2.14}$$

$1, \ldots, n$ が現実のプレイヤーであり、$\alpha_1, \ldots, \alpha_n$ が現実の配分である。ここでは $n+1$ は架空のプレイヤーなので、α_{n+1} はゲーム $\bar{\Gamma}$ を解釈するための擬似的なものである。したがって、

$$\alpha_{n+1} = -\sum_{1}^{n} \alpha_k \quad \left[\sum_{1}^{n+1} \alpha_k = 0\right] \tag{2.15}$$

となる。ここでは特殊記号として

$$\vec{a} = \{\{\alpha_1, \ldots, \alpha_n\}\} \tag{2.16}$$

と表記することで、$\vec{a}$ が実質的に $\alpha_1, \ldots, \alpha_n$ から構成されていること、そして望めば α_{n+1} を加えることができることを示す。また、配分は次の条件

$$\alpha_i \geq v(\{i\}) \quad (i = 1, \ldots, n, n+1) \tag{2.17}$$

で制約されるので、(2.15) と (2.17) から

$$\sum_1^n \alpha_i \leq -v(\{n+1\}) = v(\{1,\ldots,n\}) \qquad (i=1,\ldots,n,n+1)$$

となる。よって、

$$\alpha_i \geq v(\{i\}) \qquad (i=1,\ldots,n) \tag{2.18}$$

$$\sum_1^n \alpha_i \leq v(\{1,\ldots,n\}) \tag{2.19}$$

となり、これは零和ゲームにあった条件（1.2）および（1.5）に一致する。

$v(\{1,\ldots,n\})$ は全ての現実のプレイヤーから構成される提携と架空のプレイヤー $n+1$ が対立するゲームの値であり、ゲームを実行することで提携が得られる値は

$$\sum_1^n K_k(\tau_1,\ldots,\tau_n)$$

となる。すなわち、この零和2人ゲームにおいては現実のプレイヤーが全ての行動を決定し、$n+1$ はゲームの進行過程に何の影響力も持っていないことになる。零和2人ゲームが

$$K_1(\tau_1,\tau_2) \equiv K(\tau_1,\tau_2), \qquad K_2(\tau_1,\tau_2) \equiv -K(\tau_1,\tau_2)$$

であるならば、全ての変数 $\tau_1,\ldots,\tau_n$ は τ_1 に一致し、変数の無い領域は τ_2 に一致することになり、プレイヤー1は全ての変数を最大化させて獲得する。つまり、

$$\max_{\tau_1,\ldots,\tau_n} \sum_1^n K_k(\tau_1,\ldots,\tau_n) \tag{2.20}$$

となり、零和2人ゲームでは

$$\max_{\tau_1} K(\tau_1,\tau_2) \tag{2.21}$$

となる。したがって、混合戦略の一般理論より

$$v(\{1,...,n\}) = \max_{\tau_1,...,\tau_n} \sum_1^n K_k(\tau_1,...,\tau_n) \quad (2.22)$$

が成り立つ。(2.19) はこれを表している。これは、提携で得られる利得は常にmaxmin値をとることを意味し、(2.16) は (2.18), (2.19) の制約に従うということを示している。

次に、ここまで構築してきたゲームと零和n人ゲームを、どちらにも適用できる事例を用いて比較していく。その方法として、零和n人ゲームΓに適用したゲーム構築の手続きを零和n+1人ゲーム$\overline{\Gamma}$の構築に適用してゲームを構築する方法を用いる。なぜなら、零和n+1人ゲームが零和n人ゲームをより拡張させたものであるならば、零和ゲームでは扱えない事例を扱えることに加えて、零和ゲームで扱える事例を扱った場合は零和ゲームによって導き出される解と同じ解を導き出さなければならないからである。零和性に条件を制限したゲームの解を求めることもできるならば、零和n+1人ゲームは零和n人ゲームの拡張版ということができる。

零和n人ゲームΓとは

$$\sum_1^n K_k(\tau_1,...,\tau_n) \equiv 0 \quad \therefore K_{k+1}(\tau_1,...,\tau_n) \equiv 0$$

ということであり、もし架空のプレイヤーn+1がSに加わってもv(S)には何の影響も及ぼさない。すなわち、

$$v(S) = v(S \cup \{n+1\}) \quad (S \subseteq \{1,...,n\}) \quad (2.23)$$

$S = \emptyset$ に対しては $v(\{n+1\}) = 0, v(\{1,...,n,n+1\}) = 0 \quad (2.24)$

となる。(2.23), (2.24) のどちらもゲーム$\overline{\Gamma}$は $\{1,...,n\}$ と $\{n+1\}$ に分解可能であることを示している。架空のプレイヤーn+1が名目上の存在なのに対して、この $\{1,...,n\}$ はゲームΓのことである。

したがって、ゲーム$\bar{\Gamma}$は零和ゲームΓに名目上の存在を加えることによって成立するものなので、ゲーム$\bar{\Gamma}$と零和ゲームΓの解は互いに一致する。唯一異なるのは、ゲーム$\bar{\Gamma}$が架空のプレイヤー$n+1$を考慮に入れて、それに$v(|n+1|)(=0)$を割り当てることである。構築している新しい理論を用いれば、ゲーム$\bar{\Gamma}$の解からゲームΓの解を得ることができる。したがって、上述の考察は、ゲームΓに対して得られる全ての解は$\bar{\Gamma}$の解に含まれていることを証明している。

さらに$v(S)=v(S\cup|n+1|)$なので、Γの解はΩの全ての系をとることが可能となるし、とらなければならないことが分かる。しかしながら、この場合では分解した一方の部分集合が$|n+1|$となるので、解Ωの全ての系は自動的に架空のプレイヤー$n+1$に$v(|n+1|)$を割り当てることになる。すなわち、ここでは$c=v(|n+1|)$である$\Omega=\Omega_c$のことであり、$\Omega=\Omega''$のことである。

零和n人ゲームにおける配分は次のような定義で成り立つが、

$$\vec{a} = \{a_1, \ldots, a_n\}$$

$$a_i \geq v(|i|) \quad (i=1, \ldots, n)$$

$$\sum_1^n a_i = 0$$

それに対して、(2.16)における新たな取り決めはこれらを次のように変化させる。

$$\vec{a} = \{\{a_1, \ldots, a_n\}\} \tag{2.25}$$

$$a_i \geq v(|i|) \quad (i=1, \ldots, n) \tag{2.26}$$

$$\sum_1^n a_i \leq 0 \tag{2.27}$$

なぜなら、(2.19), (2.24) から

$$\sum_{1}^{n} \alpha_i \leq v(\{1, \ldots, n\}) = -v(\{n+1\}) = 0$$

となるからである。

　ここで零和 n 人ゲームの定義と（2.25）–（2.27）で異なるのは3つ目の条件のみであり、後者は前者を含めたより広い範囲の配分を扱えることが分かる。さらに、両者で解を出せる場合は、それらの解は一致する（Von Neumann and Morgenstern 2004: 353-381）。

3　$n+1$ 人ゲームの含意

　ここから分かるように、一般 n 人ゲームと零和 $n+1$ 人ゲームは本質的に同じモデルであり、$n+1$ 番目のプレイヤーが見えているか否かの違いでしかない。すなわち、プレイヤーの相互協力によって利得を増加できるゲームというのは、実際には $n+1$ 番目のプレイヤーから利得を獲得している零和ゲームであるということもありうることが示されている。

　このゲームの構造では、n 人のプレイヤーは、自分たちの利得配分が安定している理由が、$n+1$ という別のプレイヤーにあることを知らない、もしくはゲームに影響力を持たない存在であるとして気にとめることなく自己の利得の最大化を目指す。この環境は、様々な社会問題とそれに対する人々の認識の問題を抽象的に表しているといえるだろう。図Ⅱ-1に示した実例などがそれにあたる。現代ではグローバル化による貧困問題や環境問題の深刻化などのような一部の人間もしくは国家が物事を決定する力を持ち、なおかつ利得の多くを独占するような社会問題は、n 人のプレイヤーの立場の人間もしくは国家と $n+1$ の立場の人間もしくは国家に分けられる。そして、n 人のプレイヤーに属する人間もしくは国家は、自分たちの利得を支える $n+1$ の存在を実感できないことが多い。フランス革命が起こった階級社会では、貴族は自分たちの特権を維持するために、農民の苦境を顧みることはほとんどなかった。現代でも、裕福な生活ができる先進国の人間が、アフリカなどの貧国の

人間の苦境を完全に理解できているとはいえないだろう。もちろん、メディアや教育によって様々な情報を与えられているが、貧国の苦境が自分たちの生活に関連している、さらには彼らの犠牲によって自分たちの生活が豊かになっていると実感できる人間は多いとはいえないだろう。その点において「コスト負担を強いられる架空のプレイヤー $n+1$」の存在は、人間が持つ視野の広さと狭さ、国際的な社会問題を捉える認識や想像力の欠落といった現実の問題点を表現しているといえる。

ただし、$n+1$ の存在するゲームを用いて、このように広い範囲の社会問題を扱えるほどに汎用性のあるゲーム・モデルを構築するためには、本書の零和ゲームでは必ずしも十分とはいえないかもしれない。零和ゲームでは、プレイヤー $n+1$ と n 人のプレイヤーの間の利害関係を完全に相反するかたちでしか表現できないからである。本書の扱う核拡散問題はパワー・ポリティクス的な事例であり、安全保障をめぐって利害が相反していることから、零和ゲームで問題の本質を表すことが可能となっている。より広い範囲の社会分析に適した非零和ゲームにまで $n+1$ 人ゲームを拡大することは今後の課題とし、$n+1$ 人ゲームの社会的有用性を主張するにとどめたい。

また、$n+1$ の存在は、本来協力が難しいプレイヤー間の関係を変化させて、相互に利得を得られる関係をもたらしうる。それが $n+1$ の利得を考慮しづらくする要因のひとつである。たとえば、通常ならば囚人のディレンマ状況にあるプレイヤー I, II が、$n+1$ にコストを負担させることで状況を変えることができるならば、プレイヤー同士はそれによる問題解決を選びうる。そして、そ

表 II-1　$n+1$ を利用した状況変化

I \ II	協力	裏切
協力	(3, 3)	(1, 4)
裏切	(4, 1)	(2, 2)

囚人のディレンマ・ゲーム

⇒

I \ II	協力	裏切
協力	(5, 5)	(1, 4)
裏切	(4, 1)	(2, 2)

鹿狩り（保証ゲーム）
(D, C) の利得 < (C, C) の利得
$n+1$ から利得 4 を獲得

れが深刻な問題であればあるほど、$n+1$への配慮は失われるだろう。その状況変化の一例が次の表である。

「プレイヤー I, II が協力して $n+1$ から搾取 ⇒ 相互に対立する以上の利得獲得」となるならば、国際政治交渉でも合意を成り立たせやすくなる。保証ゲーム（Assurance Game）においては、相手が裏切ると考えれば、両プレイヤーにとって裏切りが最適戦略となる。だが、もし一方でも相手が協力すると信用できるなら、もう一方も必然的に協力が最適戦略となる（Kydd 2005: 7-8）。この表の利得配分の場合、プレイヤー h（$h =$ I, II）が戦略 C を選択する確率 p_h が 0.5 を上回るとき、(C, C) が最適戦略となる。

$$5 \cdot p_h + 1 \cdot (1-p_h) > 4 \cdot p_h + 2 \cdot (1-p_h)$$

$$p_h > 0.5$$

したがって、プレイヤー I, II にとっても交渉が必然的にうまくいかない囚人のディレンマ状況から脱却するために $n+1$ を利用できることになるならば、保証ゲーム状況に移行して裏切りよりも効率的な相互協力を達成しようとするであろう。相互協力による利得が大きければ大きいほど保証ゲームは信頼の獲得が容易になるので、囚人のディレンマよりもずっと望ましい状況である。

だが、現実世界でこのような関係がいつまでも維持できるだろうか。この問いを基本として、零和 $n+1$ 人ゲームにおける架空のプレイヤー $n+1$ を現実のプレイヤーとしてゲームに組み込むことで、交渉に影響力を持てないがその結果に利害関係を持つ第三者がもたらす問題を検証できるモデルを構築する。

4　繰り返し零和 $n+1$ 人ゲーム

前節で零和 $n+1$ 人ゲームが本書の分析枠組みとして適切なモデルであることを示したが、*von Neumann & Morgenstern* にとってはあくまでも一般ゲーム構築のための道具にすぎず、$n+1$ 番目のプレイヤーが存在するモデルの有用性には言及していない。そこでここからは、このプレイヤー $n+1$ に特殊な役割を与

えることで、分析モデルとしての零和 $n+1$ 人ゲームの有用性を確立していく。

（1）プレイヤー $n+1$ の再定義

プレイヤー $n+1$ とは、交渉の経緯に影響を及ぼすことはできないが、交渉の結果によって利得が変化する立場に置かれている。すなわち、第三者の立場である。これまで von Neumann & Morgenstern の証明を解説したとおり、一般 n 人ゲームの結果と零和 $n+1$ 人ゲームの解は一致する。しかしながら、ここで示されたのは一回限りのゲームの場合の証明である。そこで、零和 $n+1$ 人ゲームを繰り返しおこなう場合を想定してゲームを特徴付け、新たな交渉分析モデルを構築する。

プレイヤー $n+1$ は手番を持たないためにゲームの進行に直接的に影響を及ぼせないことはすでに述べた。プレイヤー $n+1$ の特殊な立場を維持するためにはこの規則を変えることはできない。だが、このゲームを繰り返しゲームとして構築しなおすことで、プレイヤー $n+1$ にゲームの結果に間接的な影響を及ぼす役割を与えることが可能となる。

交渉問題においては合意の形成およびその遵守が争点となるため、重要なことは交渉当事者のプレイヤーが遵守を選択し続けるための条件を明らかにすることであり、無限繰り返しゲームにおける相互協力のナッシュ均衡が代表的なモデルとして挙げられる。

ここから、第三者の存在が交渉に特殊な影響を及ぼすゲームを構築する。単純化のために、プレイヤー人数は3人とする。3人のプレイヤー {I, II, III} がいるが、交渉に戦略を提示できるのは I と II だけで、III の利得は I と II のゲームの結果に依存するという特殊な零和2人ゲームを想定する。これを零和 2+1 人ゲームと呼ぶ。すなわち、プレイヤー III が $n+1$ ということになる。

この零和 2+1 人ゲームは、

1) 戦略 τ を提示できるのはプレイヤー I, II のみ
2) プレイヤー I, II が獲得する余剰利得は全て III ($n+1$) から獲得するものとする

というルールを持つものである。これらを表現すると

$$K_{\mathrm{III}}(\tau_{\mathrm{I}}, \tau_{\mathrm{II}}) = -K_{\mathrm{I}}(\tau_{\mathrm{I}}, \tau_{\mathrm{II}}) - K_{\mathrm{II}}(\tau_{\mathrm{I}}, \tau_{\mathrm{II}})$$

となる。例として、次のゲームを考える。プレイヤー I, II が $\tau_{\mathrm{I}} = (\alpha_1, \dots, \alpha_n)$, $\tau_{\mathrm{II}} = (\beta_1, \dots, \beta_m)$ の選択肢を持つとき、$n+1$ の配分は

$$K_{\mathrm{III}}(\alpha_i, \beta_j) = -K_{\mathrm{I}}(\alpha_i, \beta_j) - K_{\mathrm{II}}(\alpha_i, \beta_j)$$

となる。ここでは $n+1$ の利得の最小値を

$$\min K_{\mathrm{III}}(\alpha_i, \beta_j) \equiv K_{\mathrm{III}}(\alpha^*, \beta^*)$$

と定める。

　$n+1$ にとって最低限望ましいのはプレイヤー I, II それぞれが利得を最大化しない戦略、すなわち (α^*, β^*) 以外を選択することであり、プレイヤー I, II がそうしないで、自分の利得を考慮して交渉していると信頼できる限りにおいて交渉を破綻させる意思を持たないものとする。

（2）プレイヤー $n+1$ の信頼

　構築するゲームにおいては、$n+1$ が他のプレイヤーをどこまで信頼してゲームの結果に反発しないでいるかが、ゲームが繰り返される頻度を決定する。言い換えれば、$n+1$ が自らの利得は将来においても改善されないと確信したときに利得配分交渉は終了することになる。したがって、プレイヤー I, II に対する $n+1$ の信頼が重要な変数となり、プレイヤー I, II が繰り返しゲームで選択する戦略の組み合わせが信頼に及ぼす影響を測定する必要が生じる。この場合の信頼は、主観確率を用いることで適切に捉えることが可能である。よって、本書では、ベイズの定理を用いて測定することにする。数理的に信頼を測ることで、ゲーム・モデルにも違和感なく取り込むことも可能になるからであり、さらにはベイズの更新によって繰り返しゲームにおける $n+1$ の持つ信頼の度合いの変遷も適切に示すことができるからである。

　プレイヤー I, II が交渉において取りうる戦略を次のように区別する。

E_1：$n+1$ にコストを負担させない協力戦略 C を選択
E_2：$n+1$ にコストを負担させうる協力戦略 C を選択

次に、プレイヤー I, II が $n+1$ から搾取し続ける意思があってそれを選択したのか否かを考える。ここでは、プレイヤー I, II の属性 H を 2 つに区別して考えることができる。

H_1：$n+1$ への利得を考慮するプレイヤー（穏健派、ハト派）
H_2：$n+1$ から搾取する意思を持つプレイヤー（強硬派、タカ派）

この 2 つの条件からプレイヤー I, II に対する $n+1$ の信頼度を計算する。$n+1$ が I, II をどのような属性の組み合わせと考えているのかを示す同時確率 P を次のように定める。

表 II-2 属性に関する同時確率

I \ II	$P_{II}(H_1)=q$	$P_{II}(H_2)=(1-q)$
$P_I(H_1)=p$	$P_{11}=p \cdot q$	$P_{12}=p(1-q)$
$P_I(H_2)=(1-p)$	$P_{21}=q(1-p)$	$P_{22}=(1-p)(1-q)$

そして、両プレイヤーの条件付確率を次のように表す。

$$p(E_1|H_1), \quad p(E_2|H_1)$$
$$p(E_1|H_2), \quad p(E_2|H_2)$$

このとき、条件付確率においては

$$p(E_1|H_1) > p(E_1|H_2), \quad p(E_2|H_1) < p(E_2|H_2) \tag{2.28}$$

が常に成り立つとの前提を定めることで、事象 E_1 が起きたときは事前確率 $P_h(H_1)$（$h=$I, II）よりも事後確率 $P_h(H_1|E_1)$ が上昇し、別の事象 E_2 が起きたときは $P_h(H_1|E_2)$ が $P_h(H_1)$ よりも低下するものとする。実際に、これらの仮説と事象の組み合わせならば、条件付確率が (2.28) の条件を満たすことが適切である。

このゲームにおいては、$n+1$ の主観確率 $P_h(H_1|E_2)$ の値（プレイヤー h が E_2 を選択しても、$n+1$ がプレイヤー h は強硬派、タカ派ではないとみなす主観確率）の変化が重要な要素になる。ゲーム中にI, IIからの搾取を受けても、相手への信頼を維持することを意味している値だからである。プレイヤー h の属性を H_1 とみなす主観確率は以下の式で求められる。

ゲームを $t(=1, \ldots, m)$ 回繰り返して E_i が起きたとき、$P_h^{(t)}(H_1|E_i)=P_h^{(1)}(H_1|E_i), \ldots, P_h^{(m)}(H_1|E_i)$ の値は

$$P_h^{(t)}(H_1|E_i) = \frac{P_h^{(t-1)}(H_1|E_i) \cdot p(E_i|H_1)}{P_h^{(t-1)}(H_1|E_i) \cdot p(E_i|H_1) + P_h^{(t-1)}(H_2|E_i) \cdot p(E_i|H_2)} \quad (h=\text{I, II})$$

と定まる。なお、$P_h^{(0)}(H_1|E_i)=P_h(H_1)$ とする。(2.28) を満たすならば、E_2 が繰り返されたとき、$P_h^{(t)}(H_1|E_2)$ の値は低下を続けることになる。

例として、次の2通りの条件付確率のときにプレイヤー h が戦略 E_1 を繰り返し選択した場合の $P_h^{(t)}(H_2|E_1)$ をグラフで示した。なお、ここでは単純化のため $P_h(H_1)=P_h(H_2)=0.5$ とした。例1は、プレイヤーI, IIの戦略の意図が不明瞭な交渉における条件付確率を表し、例2は戦略の意図が明確な交渉における条件付確率を表している。

例1：$p(E_1|H_1)=0.51, \ p(E_2|H_1)=0.49, \ p(E_1|H_2)=0.49, \ p(E_2|H_2)=0.51$
例2：$p(E_1|H_1)=0.80, \ p(E_2|H_1)=0.20, \ p(E_1|H_2)=0.20, \ p(E_2|H_2)=0.80$

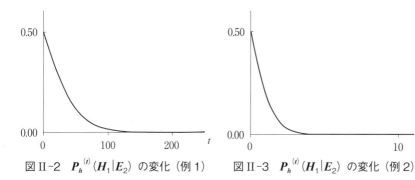

図II-2　$P_h^{(t)}(H_1|E_2)$ の変化（例1）　　図II-3　$P_h^{(t)}(H_1|E_2)$ の変化（例2）

一見して分かるように、$n+1$ の信頼は序盤で急速に低下する傾向を示す。(2.28) を満たす範囲内ならば条件付確率がどのように変化しても E_2 が繰り返されたときにグラフのかたちは同様の傾向を持つものとなり、$P_h^{(t)}(H_1|E_2)$ は急速に低下することになる。これは一般的な傾向ということができる。すなわち、交渉の内容によっては、数回の交渉結果で $n+1$ から大きな反発を招く結果となることも決して非現実的ではないことが分かる。この傾向は $P_I(H_2)=0.9$ のように事前確率を非常に高く見積もっても変化はない。たとえば例2の条件付確率でベイズの更新をおこなっても、いずれも10回未満の更新で $P_I^{(t)}(H_1|E_2)$ は限りなく0に近づくことになる。

表II-3　$P_h^{(t)}(H_1|E_2)$ のベイズの更新（例2）

t	1	2	3	4	5	6	7	8
$P_h(H_1)$ = 0.5	0.200	0.059	0.015	0.004	0.001	0.000	0.000	0.000
$P_h(H_1)$ = 0.9	0.692	0.360	0.123	0.034	0.009	0.002	0.001	0.000

例として、この主観確率を用いて同時確率を求めると、$n+1$ のプレイヤーI, IIに対する信頼が基本的に低いものであることが分かる。プレイヤーI, IIは確率論的に独立しているので、同時確率を求めることは可能である。仮にプレイヤーI, IIが例2の条件付確率を持ち、$P_h(H_1)=0.5$ ならば、両者に対する

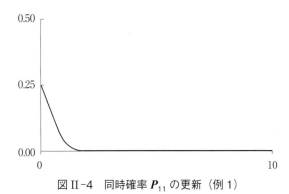

図II-4　同時確率 P_{11} の更新（例1）

$n+1$ の信頼 P_{11} はさらに速く低下する。

実際の交渉では、その意図の明確な戦略と意図が必ずしも明確とはいえない戦略が混在するときが多いだろう。だが図 II-3 に示されるように、意図が明確な戦略が繰り返されるならばほんの数回で $n+1$ の信頼は大きく低下する。これらのデータは、$n+1$ の信頼を維持し続けることの難しさを示唆しているといえるだろう。どれほど信頼を積み重ねたとしても、意図が明白な裏切り戦略を取れば、その信頼は容易に崩れうることが明確に表れているからである。

さらには、プレイヤーI, II にとっての状況が保証ゲームであることが、$n+1$ のプレイヤーI, II に対する信頼の確保を難しくする。前述したように、保証ゲームの最適戦略は、どちらか一方が相手は裏切ると考えれば、両プレイヤーにとって裏切りが最適戦略となり、一方でも相手が協力すると信用できるなら、もう一方も協力が最適戦略となる。つまり、どちらか一方でも属性が H_1 であれば、もう一方の属性にかかわりなく、プレイヤーI, II はいずれ E_1 を選択しうるということになる。ゲームが繰り返され、プレイヤー間の経験が蓄積されていくならば、いずれは互いの属性が明確になり、相互協力が達成される。プレイヤーI, II にとっても、それが望ましい結果の中で最も確実に予測できるものであるならば、必然的に選択することになるだろう。囚人のディレンマ・ゲームでも、ゲームが繰り返されればいずれは相互協力にプレイヤーの期待が収斂していくものの、相互協力に収斂する時間は、相互協力で得られる利得がより多い保証ゲームのほうが囚人のディレンマ・ゲームよりも短期間になるといえる。

囚人のディレンマ状況よりも保証ゲームの状況のほうが望ましいという判断の結果として、ゲームが繰り返されるごとに、$n+1$ にとっての最悪の結果 E_2 が起こりやすくなる。なぜなら、保証ゲームの状況ならば、(H_1, H_2), (H_2, H_1) の組み合わせでも、プレイヤーI, II は最適戦略を定めることが可能になるからであり、相互協力を容易に実現できるようになるからである。この点から、$n+1$ にコストを負担させることで保証ゲームを実行できるプレイヤーに対する $n+1$ の信頼は、基本的に維持することが難しいといえるだろう。保証ゲームの場合、どちらか一方の属性が H_2 ならば、最終的にそのナッシュ均衡点は

(E_2, E_2) となるので、交渉を黙認するためには (H_1, H_1) が必須となるからである。これも $n+1$ の信頼獲得を困難にする理由のひとつである。

効用の選好順序は得られる利得の大きさから次のように定まる。

$$K_{\mathrm{I}}(E_1, E_1) \leq K_{\mathrm{I}}(E_1, E_2) \leq K_{\mathrm{I}}(E_2, E_1) \leq K_{\mathrm{I}}(E_2, E_2)$$
$$K_{\mathrm{II}}(E_1, E_1) \leq K_{\mathrm{II}}(E_2, E_1) \leq K_{\mathrm{II}}(E_1, E_2) \leq K_{\mathrm{II}}(E_2, E_2) \quad (2.29)$$

したがって、このゲームにおいては $K_{n+1}(E^*, E^*) \equiv K_{n+1}(E_2, E_2)$ である。

さらに、$n+1$ の全体利得 V はゲームの前提条件から

$$V^{(t)} \leq 0 \quad (2.30)$$

となる。この状況の本質的な問題点は、

1) プレイヤー I, II にとっては、$n+1$ からの信頼獲得よりも相互の信頼構築のほうが利得獲得に与える影響が大きい
2) $n+1$ を犠牲にしないと I, II の協力達成は困難
3) 一方のプレイヤー x が $n+1$ の利得を配慮する意思を持っていても、$n+1$ はもう一方のプレイヤー y の信頼状況によっては x も信頼できなくなる

の3点である。したがって、$n+1$ からの信頼獲得は基本的に難しいことになる。

このようなゲームにおいて、$n+1$ が交渉当事者を信頼できる境界線はどこにあるのかを考える。この主観確率を用いて、$n+1$ の全体利得 V を定める[10]。t 回目のゲームにおける $n+1$ の期待値 $V^{(t)}$ を

$$V^{(t)} = P_{11}^{(t)} \cdot K_{n+1}(E_1, E_1) + P_{12}^{(t)} \cdot K_{n+1}(E_1, E_2) + \\ P_{21}^{(t)} \cdot K_{n+1}(E_2, E_1) + P_{22}^{(t)} \cdot K_{n+1}(E_2, E_2) \quad (2.31)$$

と求めることができる。

---

[10] 全体利得に関しては、Harsanyi (1967), (1968a), (1968b) を参照。

そして、$n+1$ はゲームの開始前に戦略 ω を選択してプレイヤー I, II のゲーム状況を変化させて強制的にゲームを終了させ、プレイヤー I, II の得られる利得（すなわち $n+1$ の損失）を

$$(\omega_\text{I}, \omega_\text{II})$$
$$(K_\text{I}(E_2, E_2) > \omega_\text{I} > 0, \quad K_\text{II}(E_2, E_2) > \omega_\text{II} > 0) \tag{2.32}$$

このように固定化させることができるというルールを加える。ただし、それを実行すればプレイヤー I, II は $n+1$ と敵対関係となるので、その後の $n+1$ の利得配分 ω_{n+1} は

$$\omega_{n+1} = -\omega_\text{I} - \omega_\text{II} \tag{2.33}$$

となる。

表 II-4　戦略 ω 後の利得配分

I \ II	E_1	E_2
E_1	$(\omega_\text{I}, \omega_\text{II})$	$(\omega_\text{I}, \omega_\text{II})$
E_2	$(\omega_\text{I}, \omega_\text{II})$	$(\omega_\text{I}, \omega_\text{II})$

つまり、t 回目のゲームで戦略 ω を選択すればゲームで戦略の駆け引きはおこなわれなくなり、そこからの利得は次のように固定される。

表 II-5　$n+1$ の利得配分変化

t	$t-3$	$t-2$	$t-1$	t	$t+1$	$t+2$	$t+3$
	$K_{n+1}(E_i, E_j)$	$K_{n+1}(E_i, E_j)$	$K_{n+1}(E_i, E_j)$	ω_{n+1}	ω_{n+1}	ω_{n+1}	ω_{n+1}

したがって、$V^{(t)}$ の値が

$$V^{(t)} < \omega_{n+1} \tag{2.34}$$

となるように主観確率が分布したとき、$n+1$ はプレイヤー I, II が利得を改善

してくれるという期待を捨てて、独力での状況改善を目指すことになる。もし、$n+1$ が唯一持つ戦略 ω の効果が小さければ、信頼がかなりの程度低下しても、$n+1$ は現状に絶えざるをえない。反対に、それが効果的な戦略であれば、ある程度でも信頼が低下したときに速やかにプレイヤー I, II の交渉を破綻させて損失を小さくすることもできる。

しかしながら、(2.32) にあるように、$n+1$ は戦略 ω を用いても損失を全てなくすことはできず、最善の結果を得られるかどうかはあくまでもプレイヤー I, II の戦略に依存する。それゆえ、本来はプレイヤー I, II を信頼できる状況になることのほうが望ましい。一方、戦略 ω を選択されれば常に利得が ω_{I}, ω_{II} だけ減少することになる以上、プレイヤー I, II は $n+1$ の信頼を失わない範囲内で多くの利得を獲得することが望ましいが、情報不完備な環境でそれが成功する確証は存在しない。その途中でもし (2.34) を満たすだけの主観確率 p, q を構築してしまえば、戦略 ω をもたらすことになる。

よって、$n+1$ がプレイヤー I, II の交渉を黙認するには、次の条件を満たすことが必要になる。

$$V^{(t)} > \omega_{n+1} \tag{2.35}$$

プレイヤー I, II に対する信頼を示す主観確率 p, q が (2.34) を満たすほどの値をとれば、$n+1$ は戦略 ω を選択せず、プレイヤー I, II の交渉を破綻させない。当然ながら $0 \leq p \leq 1$, $0 \leq p \leq 1$ の範囲の値をとる。さらに (2.29) の定義から、$K_{n+1}(E_i, E_j)$ および ω_{n+1} は前提として 0 以下の値になる。よって、$K_{n+1}(E_2, E_2)$ の損失が大きくなるほど、分母を小さくすると同時に分子を大きくし、必要な信頼の値を大きくしてしまう。すなわち、このモデルからは、零和 $n+1$ 人ゲームの状況に置かれた場合、$n+1$ が両プレイヤーを信頼することが非常に難しいことが前提条件として成立していることを表している。

このゲームの解 $\bar{V}$ は、常に (2.35) を満たす範囲内で $V^{(t)}$ を最大化するように (E_i, E_j) を選択することである。したがって、(2.29) の選好順序に従うならば、次の解の集合が t 回目のゲームにおけるゲームの解の集合 $\bar{V}$ となる。なお、複数の解を満たす場合は (2.29) の選好順序に従って選択される。

第Ⅱ章　地域横断する核不拡散交渉の分析枠組み　61

$$
\begin{aligned}
&K_{n+1}^{(t)}(E_2, E_2) > \omega_{n+1} \rightarrow (E_2, E_2) \\
&K_{n+1}^{(t)}(E_2, E_1) < \omega_{n+1} \text{ and } K_{n+1}^{(t)}(E_1, E_2) > \omega_{n+1} \rightarrow (E_1, E_2) \\
&K_{n+1}^{(t)}(E_1, E_2) < \omega_{n+1} \text{ and } K_{n+1}^{(t)}(E_2, E_1) > \omega_{n+1} \rightarrow (E_2, E_1) \\
&K_{n+1}^{(t)}(E_1, E_2) < \omega_{n+1} \text{ and } K_{n+1}^{(t)}(E_2, E_1) < \omega_{n+1} \rightarrow (E_1, E_1)
\end{aligned} \quad (2.36)
$$

しかしながら、零和$n+1$人ゲームでは、たとえゲームの解が明確であっても、プレイヤーがそれを実際に満たすことは難しい。なぜなら、プレイヤーhにとって解を満たす戦略Eを決定する要因は$n+1$の主観確率p, qとなるからである。当然ながらプレイヤーhにとってp, qとは不完備情報であり、正確に把握することはできない。すなわち、零和$n+1$人ゲームとは、プレイヤーが解を満たす戦略を選択することが基本的に困難なゲームなのである。よって、零和$n+1$人ゲームで表現できる社会状況とは、交渉を破綻させずに協力することが難しいことが前提といえる状況であることを意味しているのである。

以上が、本書の分析手法となる繰り返し零和$n+1$人ゲームの構造である。

（3）具体的なゲームの例

ここでは、これまで構築したゲーム・モデルに具体的な数値を入れてシミュレーションを実演し、モデルの特徴を分かりやすく示したい。

まず、利得配分から条件を定める。プレイヤーⅠ, Ⅱが次のような利得配分の交渉をおこなっているとする。

表Ⅱ-6　プレイヤーⅠ, Ⅱの利得配分

Ⅰ \ Ⅱ	C	D
C	$(3+\alpha,\ 3+\beta)$	$(1, 4)$
D	$(4, 1)$	$(2, 2)$

(C, C)の利得配分によってこのゲームは囚人のディレンマにも保証ゲームにも変化する。それを決める利得(α, β)は$n+1$から獲得することが可能である。次の表の利得があるとき、$n+1$の配分はプレイヤーⅠ, Ⅱの交渉に依存するので、

$$\alpha = K_\mathrm{I}(E_i, E_j), \quad \beta = K_\mathrm{II}(E_i, E_j)$$

とすると $n+1$ の利得配分も決定する。

表 II-7 (C, C) による利得増加分 (α, β) と $n+1$ の利得配分

$K_\mathrm{I}(E_1, E_1) = 0, \quad K_\mathrm{II}(E_1, E_1) = 0 \quad\quad K_{n+1}(E_1, E_1) = -K_\mathrm{I}(E_1, E_1) - K_\mathrm{II}(E_1, E_1) = \ \ 0$

$K_\mathrm{I}(E_1, E_2) = 0, \quad K_\mathrm{II}(E_1, E_2) = 1 \quad\quad K_{n+1}(E_1, E_2) = -K_\mathrm{I}(E_1, E_2) - K_\mathrm{II}(E_1, E_2) = -1$

$K_\mathrm{I}(E_2, E_1) = 1, \quad K_\mathrm{II}(E_2, E_1) = 0 \quad\quad K_{n+1}(E_2, E_1) = -K_\mathrm{I}(E_2, E_1) - K_\mathrm{II}(E_2, E_1) = -1$

$K_\mathrm{I}(E_2, E_2) = 2, \quad K_\mathrm{II}(E_2, E_2) = 2 \quad\quad K_{n+1}(E_2, E_2) = -K_\mathrm{I}(E_2, E_2) - K_\mathrm{II}(E_2, E_2) = -4$

プレイヤー I, II は (E_2, E_2) によって相互の利得を最大化することが可能となり、代わりに $n+1$ の配分は最低の値となる。合理的選択をすればプレイヤー I, II は (E_2, E_2) に合意することになり、$n+1$ は彼らの合意によって最低の値の利得を得ることになる。

次に、プレイヤーの性質に関する条件を定める。条件付確率を $(0.75, 0.25)$ と想定したのは、いずれかの戦略をとることが戦略の意図をかなり明白に示す状況を表すためである。$(0.25, 0.75)$ も同様である。

表 II-8 主観確率と条件付確率

・初期の主観確率　　　　　　　・条件付確率

$P_\mathrm{I}(H_1) = 0.5, \quad P_\mathrm{I}(H_2) = 0.5 \quad\quad p(E_1|H_1) = 0.75, \quad p(E_2|H_1) = 0.25$

$P_\mathrm{II}(H_1) = 0.5, \quad P_\mathrm{II}(H_2) = 0.5 \quad\quad p(E_1|H_2) = 0.25, \quad p(E_2|H_2) = 0.75$

なお、プレイヤー I, II の戦略傾向はマルコフ連鎖を用いて計算した。これは、ある時点 t における戦略選択は $t-1$ において選択した戦略に影響を受けるというモデルである。

マルコフ連鎖を用いるのは、シミュレーション・ゲームをできる限り実際の人間の思考に近づけて実践するためである。現実の意思決定は必ずしもその場の状況だけに左右されるものではなく、以前の決定にも影響を受けることが多い。一度決定して政府や企業が動き出せば、それなりの期間の計画を立てて

政策を実施することになり、その撤回は難しくなる。その政策の効果を図るためにはある程度の時間が必要であるし、もし政策を転換すれば、それまでにかかった様々な費用を無駄にすることになるからである。また、政策決定者が決定したことを転換することは自分の政策が間違っていたことを認めることにもなりうるため、やはり転換することは難しい。権力闘争の相手がいるならば、なおのこと自分の間違いを認めるようなことはできなくなるだろう。たとえば、太平洋戦争における日本の陸軍と海軍の対立が無謀な作戦の継続につながったように、ときとして政策転換による利得よりもその政策を前提とすることを優先するようなことも起こりうるのが現実の政治だからである。

長期的な方針を持って決定した政策を変えることは、費用の増加や組織への負担、権力の低下など何らかの負の影響を政策決定者に及ぼすことになる。だからこそ、政策を決定する変数には以前の意思決定を加えることが、より現実的なシミュレーション・モデルだといえる。これはあくまでも例示であるため、ここでは複雑な計算は避けて、ひとつ前（$t-1$）の選択のみが最新の意思決定に影響すると想定した。より本格的なシミュレーション・モデルは別の機会に譲ることにしたい。

プレイヤーには、次の3種類の属性を想定してそれぞれシミュレーションをおこなった。プレイヤー h の戦略 s_h の傾向はその確率分布に従うものとする。

属性A：t で一度 E_2 を選択すると、その次（$t+1$）でも「継続して」E_2 を選択する傾向が強くなる。その一方で、E_1 を選択しても、次に E_1 を選択する確率に特別な影響を及ぼさない。いわば、基本的に $n+1$ からの搾取を望むプレイヤーという属性を示している。

$$p_h(E_1^{(t+1)} | E_1^{(t)}) = p_h(E_2^{(t+1)} | E_1^{(t)}) = 0.5$$
$$p_h(E_1^{(t+1)} | E_2^{(t)}) = 1/3 \quad and \quad p_h(E_2^{(t+1)} | E_2^{(t)}) = 2/3$$

属性B：属性Aとは反対に、一度 E_1 を選択すると、その次でも「継続して」E_1 を選択する傾向が強くなる。その一方で、E_2 を選択しても、次に E_2 を選択する確率に特別な影響を及ぼさない。いわば、基本的に $n+1$ からの搾取を望まないプレイヤーという属性を示している。

$$p_h(E_1^{(t+1)}|E_1^{(t)}) = 2/3 \quad and \quad p_h(E_2^{(t+1)}|E_1^{(t)}) = 1/3$$
$$p_h(E_1^{(t+1)}|E_2^{(t)}) = p_h(E_2^{(t+1)}|E_2^{(t)}) = 0.5$$

属性 C : E_1, E_2 のどちらかを好む傾向はない。その代わり、選択した戦略を継続する傾向があり、基本的に戦略の転換をあまり望まない。これは一度政策を決定すると、その撤回が難しくなるという一般的な意思決定の傾向を示している。これは $n+1$ に対して中庸な属性である。

$$p_h(E_1^{(t+1)}|E_1^{(t)}) = 0.6 \quad and \quad p_h(E_2^{(t+1)}|E_1^{(t)}) = 0.4$$
$$p_h(E_1^{(t+1)}|E_2^{(t)}) = 0.4 \quad and \quad p_h(E_2^{(t+1)}|E_2^{(t)}) = 0.6$$

これらの確率分布に加えて、$n+1$ が戦略 ω によって交渉を破綻させた場合の利得配分を2通り定めて、$n+1$ の抵抗力が弱い場合（事例1）と強い場合（事例2）のゲームの経緯を表したい。

事例1：$(\omega_\mathrm{I}, \omega_\mathrm{II}, \omega_{n+1}) = (1.5, 1.5, -3)$
事例2：$(\omega_\mathrm{I}, \omega_\mathrm{II}, \omega_{n+1}) = (1, 1, -2)$

以上のルールにおけるゲームを［A-C］および［B-C］の組み合わせでそれぞれ50回繰り返しおこなった。プレイヤーの戦略選択は前述した確率分布に基づいてコンピュータに選択させた。その結果、それぞれのゲームにおける

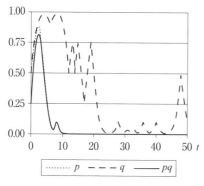

図II-5 主観確率の変化（A-C）

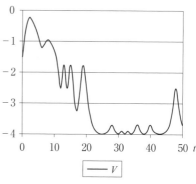

図II-6 全体利得 $V^{(t)}$ の変化（A-C）

主観確率 p, q は次のような変遷を示した。

　この $V^{(t)}$ の変化においては、$t=12$ のときに $V^{(t)} < -2$ となり（$V^{(7)} = -2.50$）、$t=17$ のときに $V^{(t)} < -3$ となった　（$V^{(17)} = -3.25$）。よって、事例 1 のときは 17 回目のゲームを終えた時点で、事例 2 のときは 12 回目のゲームを終えた時点で $n+1$ は戦略 ω を選択する。

　このシミュレーションではプレイヤー II に対する主観確率 q が高い値を示していたことから、$V^{(t)}$ は -3 以上の値を保っていた。しかし、それでも $t=9$ から E_2 を選択することが増加したことで q が低下してしまった。$t=17$ 以降の値を見ても、$V^{(t)} > -3$ を回復できたのは $t=48$ の一度しかないように　（$V^{(48)} = -2.50$）、このシミュレーションには一度失った信頼を取り戻すことは非常に難しいことが表れている。

　この組み合わせの場合、$V^{(t)} < -3$ となることはなかったが、$t=2$ で $V^{(t)} < -2$ となった（$V^{(2)} = -2.63$）。そのため、事例 1 ならば戦略 ω を選択することはないが、事例 2 ならば選択することが起こることが示された。すなわち、たとえ一方のプレイヤーが $n+1$ に配慮を示す属性であっても、プレイヤーたちの戦略の変遷によっては交渉の破綻が起こりうることが確認された。

　このシミュレーションからも、繰り返し零和 $n+1$ 人ゲームはその構造から信頼を獲得することが難しいことが見えるだろう。プレイヤー I, II の双方が

[B-C の組み合わせ]

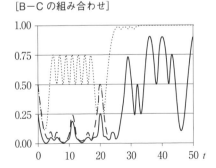

図 II-7　主観確率の変化（B-C）

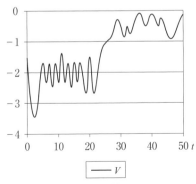

図 II-8　全体利得 $V^{(t)}$ の変化（B-C）

搾取する意思を強く持っているプレイヤーであるときや、(E_2, E_2) のときの利得がより大きければ、さらに戦略 ω を選択するまでの回数は少なくなると推測できる。

今回は $n+1$ の主観確率の重要性を分析するためにプレイヤー h の主観確率は省いたが、もしゲームが進行してプレイヤー I, II の間に互いの属性に関する情報が手に入れば、保証ゲームの構造から、(H_1, H_1) 以外の組み合わせのゲーム結果は全て (E_2, E_2) となるだろう。そうなれば、$n+1$ の全体利得は速やかに低下することになり、必然的に戦略 ω を選択することにつながる。つまり、より複雑なモデルを構築するならば、戦略 ω を選択する傾向はより強まるであろうことを指摘しておく。

このように、$n+1$ にとって、交渉当事者であるプレイヤーに対する総合的な信頼が必要である限り、たとえ一方のプレイヤーが意図しないで E_1 を選択したとしても、$n+1$ が交渉を黙認し続けることは必ずしも可能ではない。交渉の破綻を避けるためには、プレイヤー I, II が「意識的」に $n+1$ に配慮した戦略を選択しなければならない。

（4）零和 $n+1$ 人ゲームによる社会問題の解釈

次章では、この零和 $n+1$ 人ゲーム的状況でおこなわれた国際政治交渉の経緯を詳細に分析する。それによって、交渉当事者たちが最良の交渉結果を求めておこなった $n+1$ に配慮しない交渉が、望んだ最良の結果を得られなかった事例を紹介する。だが、その前に、このゲーム・モデルを用いた理論分析の解釈および捉え方に関して記述しておきたい。

本質的な問題点を抽象化することで、その社会問題の着目すべき点、解決のために修正すべき点を見つけることが容易になることが理論分析の利点である。繰り返し零和 $n+1$ 人ゲームが再現する社会状況をもう一度まとめると次のようになる。

1) ある問題解決のために協力関係を築きたいが当事者同士の関係上それは困難、もしくはその実現に多くの時間とコストがかかる。

2) 交渉外にいる自分たちより弱い立場の他者（第三者）を利用すれば相互協力を促進し、当事者だけで交渉するよりも早く協力を達成して利得を獲得する、もしくは交渉コストを削減することが可能になる。
3) だが、利用された第三者（$n+1$）は交渉当事者の交渉手段に反発し、交渉当事者が予測しなかった新たな問題を発生させうる。

　交渉当事者たちがどのような意図を持っているのか第三者には正確には分からない状況であるが、自分を利用すれば交渉がうまくいきやすいことも、当事者同士がそれを把握していることを知っているならば、第三者は自分が交渉に利用されることを疑わざるを得ない。すなわち、第三者がこの状況に置かれたならば、必然的に交渉当事者を信頼することが困難となる。
　これがこのモデルで示す状況の本質的な問題点である。このような状況にいるとき、交渉当事者たちはさらなる問題発生のリスクを考慮して自分たちで問題の解決を目指すのか、それとも短期的な解決を目指して第三者にコストを負担させることで交渉を進展させようとするのか。起こりうる結果をゲーム・モデルによって論理的に推測する。そこで問題になるのが、3) の第三者による交渉当事者への反発が起きるのかどうか、ということになる。したがって、このゲームは囚人のディレンマ・ゲームと同じように、プレイヤー間の信頼を成り立たせることが困難な状況のひとつを表現しているのである。
　なお、表II-5にあるように戦略 ω を選択して敵対関係になった後の利得の値が一定しているという表現には違和感を持つかもしれない。しかしながら、ここでは第三者が一度でも交渉を破綻させる行動を取ったならば、それ以降は常にそれを実現するための行動を取り続けること、そして交渉当事者たちがそれに対抗しても失った利得は決して回復できないということを示すことが目的である。それを表現するために、戦略 ω 以降の利得を $(\omega_\mathrm{I}, \omega_\mathrm{II}, \omega_{n+1})$ という同じ記号で統一して表している。
　現実の詳細な部分に言及すれば、どうしても抽象的な理論と完全に一致させて解釈するのが難しいところが出てくることは避けられない。だが、そのような問題点があるにせよ、ある要因に着目して他の要因を除去した状況を作り出

すことは問題の本質を浮き彫りにすることにつながる。それによって、根本的な問題解決の手掛かりとなるのである。繰り返し零和 $n+1$ 人ゲームも、それを目的として構築している。

次章では、本章で構築した分析モデルの枠組みに基づいて 1950 年代後半から 1960 年代にかけておこなわれた核不拡散交渉を見ていく。極めて数理的な内容である本章とは異なり、次章は一次資料などを用いて歴史的事実を詳細に記述するが、

$$K_{n+1}(\tau_1, \ldots, \tau_n) \equiv -\sum_{k=1}^{n} K_k(\tau_1, \ldots, \tau_n) \tag{2.8}$$

この数式から始まったモデルを国際政治学の分析枠組みとして用いて核不拡散交渉の分析を試みていることに変わりはない。仮にモデル構築を読まなくても、次章の具体的な事例の分析を読めば、繰り返し零和 $n+1$ 人ゲームが示す交渉問題の本質が分かるように記述することを心がけた。第 III 章における交渉の中核は米ソと西ドイツを中心とした欧州の核不拡散交渉であり、$n+1$ となるのは東アジアの中国である。西ドイツの核武装をなんとしても阻止したいソ連と、欧州の安全保障と西ドイツの核武装阻止を両立させたい米国が中国核問題によって協力関係を構築する経緯を明らかにする。

第 III 章
欧州核不拡散交渉と東アジア核問題の関連性

　本章では、核拡散問題において、第三者を考慮しないかたちでの交渉が予期しない不利益をもたらした過程を明らかにしていく。それによって、東アジアの核問題がいまだに解決できない原因のひとつが、米ソの欧州に偏った核不拡散交渉にあったことを示したい。この事例研究に零和 $n+1$ 人ゲームの分析枠組みと研究視点を用いることで、西ドイツ核武装問題という欧州の核問題が東アジアの安全保障問題に影響を及ぼし、さらには現在の北朝鮮核問題の原因のひとつとなったとする、これまでとは異なる冷戦史、核拡散問題の仮説を提示する。そして、米ソのような超大国と呼ばれるほどの国家でも第三者を考慮しない交渉をすれば、望まない結果をもたらすことも明らかになる。
　これまでの核不拡散交渉の研究は、米独関係やNATO改革を中心とした欧州の核拡散問題や米中関係、日米関係、米韓関係を中心とした東アジアの核拡

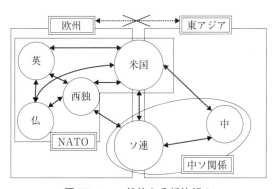

図III-1　一般的な分析枠組み

散問題のように一地域の交渉過程に着目したものが主流で、米ソによる欧州と東アジアの核不拡散交渉は一般的に別個の出来事として捉えられていて、必ずしも包括的に扱われていない。これらの地域の核問題分析の枠組みを大まかに分類すると欧州（欧米＋ソ連）、NATO、東アジア、中ソ関係の4種類であり、それぞれの枠組みで優れた先行研究が存在する[11]。

だが、これらの研究の中には、もう一方の地域の核問題に言及したものも少なくないにもかかわらず、基本的には一地域内の国家間交渉や国内の政策決定過程などで議論が完結しており、一方の地域の核不拡散交渉ともう一方の核不拡散交渉の間にどのような関連性が存在し、それがどのように影響してPTBT締結からNPT締結にまで至り、米ソを中心として核不拡散体制を創設することになったのか、それらを明らかにするより広い枠組みでおこなわれた多国間交渉の経緯を正確に把握するには至らない。地域横断的な相関関係を把握することで、初めて一方が解決できた理由と、もう一方が完全に解決されずに現代まで残っている原因のひとつをより正確に理解することを助けてくれる。

本書の視点で核不拡散交渉を見ると、その基点となったのは1958年である。3月25日に西ドイツの連邦議会が可決した核武装決議案と、そのわずか10日後にソ連が中国に核実験禁止条約への同意を要請したことで欧州の核不拡散交渉が具体的な内容を持って議論されるようになり、それと同時に欧州の核問題に中国が巻き込まれたことで核問題をめぐる国際情勢が大きく動いたからである。

---

11) 欧州では Bange (2007), Brands (2007), Brzezinski (1964), Cioc (1988), Granieri (2003), Heuser (1998), Krieger (1995), Künzel (1995), Lahti (2009), Schrafstetter and Twigge (2004), NATOでは Bluth (1995), Boutwell (1990), Dietl (2006), Giauque (2000), Kelleher (1975), Megens (2008), Priest (2005, 2007), Solomon (1999), Tal (2006), 東アジアでは Burr and Richelson (2000/01), Chang (1990), Nelson (1989), Schaller (2002), Westad (1998a), 中ソ関係では Gobarev (1999), Goncharenko (1999), Li (2007), Lüthi (2007), Negin and Smirnov (2002), Radchenko (2009), Shen (2002), Wang (2006), 宮本 (1989) などの研究がある。また、軍縮、軍備管理の視点からの研究もある。Baglione (1999), Deutsch (1967), Nye (1988), Walsh (2004).

1958年に核拡散問題の議論が動き出すきっかけとなったのは前年のスプートニク・ショックである[12]。米国の核抑止に不安を覚えた西ドイツが核武装することを恐れたソ連は、西ドイツの核武装の防止に向けた米国の協力を得るための見返りとして、自ら核技術支援をしていた中国の核開発を一方的に止めさせようとした。本来、中国は欧州の核問題には無関係であり、欧州の核不拡散交渉が中国に影響を及ぼすことはないはずであった。それにもかかわらずそれが中国、ひいては東アジアの核問題の推移に大きな影響を及ぼすことになった原因は、米ソ独の3か国が納得してNPTに合意するためにソ連が西ドイツ説得の見返りを米国に提示したことにある。西ドイツの核開発を断念させようとしたソ連の核不拡散政策の一環が中国への一方的な核開発断念要求として現れたことが中国への脅威となり、独力で核実験を継続した要因のひとつになった。

ソ連は西ドイツの核開発だけでなく、NATO核戦力として西独領内に配備された核戦力の使用権限や攻撃目標を決定できる権限を西ドイツが持つことも警戒し、米国の多角的核戦力構想（MLF：Multilateral Force）に強い懸念を表明した。米国も西ドイツが核の決定権を持つことの米ソ対立に及ぼす危険性を考慮したこともあって、西ドイツの強い要望にもかかわらず、最終的にMLFを頓挫させた。米国の安全保障コミットメントとNATO改革によって西ドイツの核武装問題は解決したが、その一方で、欧州の核不拡散交渉における第三者となった中国は核不拡散理念には従わず、核保有国となった。そして中国の核保有は、日本をはじめとする東アジア各国の安全保障政策に大きな影響を及ぼすことになり、米国とソ連はその対処に余分なコストを支払うことになった。

本章を執筆するにあたって、FRUSなど一次資料を用いることができるときにはそれらを引用したが、基本的には一次資料を多く用いた文献を参照した。たとえば、西ドイツに関する文献ではAhonen（1995），Granieri（2003），

---

[12] スプートニク・ショックの影響が大きかった理由は、単に先んじて衛星を打ち上げたということではなく、優勢だと思っていた航空宇宙関連の科学技術において米国がソ連に遅れをとっていると考えざるを得ない事件であったためである。この認識の変化の過程は、芝井（2012）による理論分析を参照。

Schrafstetter (2004), Schrafstetter and Twigge (2004) などである。

なお、ソ連と中国のように資料獲得の困難および言語の障壁が存在する国家の分析においては、主としてウッドロー・ウィルソン国際センター (Woodrow Wilson International Center for Scholars) の Cold War International History Project (CWIHP) によって英訳された中ソの資料および中ソの一次資料を用いた研究を参考とした。Mastny, Westad, Zubok の研究および Niu (2005), Radchenko (2009), Selvage (2001), Wang (2006), *CWIHP Bulletin, CWIHP Virtual Archive* がそれに当たる。それらに加えて、スイス連邦工科大学チューリッヒ校 (Eidgenössische Technische Hochschule Zürich [Swiss Federal Institute of Technology Zürich]) の Parallel History Project on Cooperative Security (PHP) の東側陣営に関する研究も参考にした。

その他にも Burr の中国研究および Li (2007), Liu and Liu (2009), Lüthi (2007), 宮本 (1989) も東側陣営に関する有益な参考文献である。宮本 (1989) はソ連崩壊前の文献のため、現在から見れば政府の一次資料の使用が十分とはいえないかもしれないが、その当時で利用できるロシア語、中国語の資料を用いている。それに加えて、中ソ対立の経緯と西ドイツ核武装問題を懸念するソ連の政策を関連付けて記述しており、本書と同じ視点から中ソ関係を分析した数少ない先行研究である。以上の研究を基にして、これまでとは異なる歴史的経緯の解釈を提示する。

1　西ドイツ核武装問題[13]

西ドイツは、冷戦期の核拡散問題において最も核武装が懸念された国家である。それは単に核開発を実現できる科学技術力だけが問題となってのことではなかった。核開発を実現する能力だけならば、1957 年の時点では西ドイツよ

---

13)　本書のいう「西ドイツの核武装」とは、西ドイツ自身の核開発もしくは他の手段 (他国との共同開発や他国からの譲渡など) によって西ドイツが核兵器を使用する権限を持つ国家となることを意味する。それゆえ、あくまでも西独国内の NATO 基地に中距離核戦力を配備しただけの 1979 年の問題は含まれない。

りもフランス、スウェーデン、カナダのほうが高い評価を受けていた。米国の調査ではフランスは1958年に、スウェーデンは1961年に、そしてカナダも数年の間に核開発に成功しうると予測されたのに対して、西ドイツは今後10年の間に開発しうるという評価であった[14]。それでも、欧州の冷戦における最も重要な懸案事項となったのは西ドイツの核武装であった。その理由は、核保有国となったときに生じる国際政治への影響の大きさに帰せられる。具体的には、第二次世界大戦の経験からソ連がドイツの復活と再侵略を非常に恐れていたこと、普仏戦争から第二次世界大戦に至る欧州の大規模な軍事紛争の中心となってきたドイツの軍事力増強に対してソ連だけでなく西側陣営の国家まで強い不安を覚えていたこと、東西陣営の最前線に位置するドイツの軍事力は東西の軍事均衡に及ぼす影響が大きいこと、そしてベルリン危機に示されるように、ドイツ問題は米ソの面子に大きくかかわる問題となったために、軍事紛争に非常に発展しやすい繊細な問題であったことが挙げられる。

　戦前には世界一といってよいほど原子物理学や核技術の分野に優れた人材が豊富にいたことから、スプートニク・ショック以前から西ドイツの核開発は国際社会で懸念されており、他の国家に劣った能力評価になったのは核の研究をNATO加盟時から自主規制していたからといえる。原子物理学の発展の歴史におけるドイツ人科学者の業績の大きさに加えて、米国での核開発もドイツから亡命した科学者たちの功績が非常に大きかったこともあり、西ドイツの核技術における潜在能力の高さは第二次世界大戦の終戦直後から連合国に懸念されていたためである。終戦当初は連合国との条約で原子力に関する研究は全て禁止されていたが、1950年代に入ると西独政府は平和利用に関する核技術の研究を開始し、短期間で原子炉をはじめとした主要な核施設を独力で開発することができるようになっていたことからも、核技術に関する西ドイツの能力の高さが表れていた（Gerwin 1964: 23-27）。

　西ドイツの首相アデナウアー（Konrad Adenauer）は、その侵略性や暴力性からソ連の脅威を強く警戒していた。それと同時に、米国がソ連と戦争にな

---

14)　NIE 100-6-57, June 18, 1957: 1-3.

る可能性に直面したとき、かつてのポツダム会談のように、ドイツ人の頭越しに米ソが自分たちの都合でドイツ問題に妥協して、西ドイツから米国の軍事力が撤退してしまうことも非常に懸念していた（Dülffer 2007; Messemer 1999: 246）。そのため、軍事面での西欧への貢献を早くから重視していた。終戦からしばらく後に、東西対立の深刻化に伴って西ドイツの再軍備計画が西側陣営で浮上すると、それに伴って西ドイツの核開発に対する懸念も再び生じた。西側が軍事的にソ連に対抗するためには西ドイツの軍事力が必要であるが、それはドイツの脅威を復活させる要因にもなりうる。それを強く懸念したフランスが強硬に反対するなど、このディレンマをどう解決するのかが西側陣営の課題であった。そこで西ドイツは、1955年5月に西ドイツの再軍備とNATO加盟が決定した際に核開発の自主的な放棄を明示することで、西欧諸国の不安を和らげようとするなど、関係改善を目指した（Kelleher 1975: 11-28; Mackby and Slocombe 2004: 176-178; Schwabe 2004: 38-39）[15]。

しかしながら、西独政府の首脳が核保有を選択肢から完全に排除したわけではなかった。この宣言は、他国からの核兵器供与や二国間または多国間の共同開発を排除するものではなく、NATOに加盟すれば、NATOの防衛兵器という正当性の下に核兵器を開発、保有することも不可能ではなかったからである（Bange 2007: 163; Krieger 1995: 16-17）。

アデナウアーは、米国を欧州につなぎとめること、ソ連の侵略を防ぐこと、ドイツ統一を外交目標として、西ドイツを核戦争の戦場にしないために活発な外交活動をおこなった。しかしながら、そのために核抑止の確保を非常に重視したため、米ソにとって安全保障上の大きな懸念材料となっていた。ただし、アデナウアーが求めた核抑止とは必ずしも独自の核開発によるものではなく、NATOが指揮する欧州核戦力の創設を早くから求めていた。その理由として、第1に、NATO核戦力を米国のそれと連結させることで米国を欧州につなぎ

---

15) Protocol No. III (and Annexes) on the Control of Armaments, October 23, 1954. *Avalon Project*, http://avalon.law.yale.edu/20th_century/we005.asp ［accessed 2019/05/30］．再軍備が決定した後も西欧諸国の疑念は消えず、核武装への懸念として現れた（Schrafstetter 2004: 120-130）。

とめることが可能になり、それに伴ってソ連に対して信憑性のある核抑止を確保できること。第2に、NATOが核兵器を使用するような重大な決定をする際の発言権を得て核戦争へのエスカレーションを防ぐこと。第3に、NATOにおいて他の有力国と同等の地位を得ることで政治的影響力を獲得し、ドイツ統一に向けた圧力をかけられるようになることであった。つまり、NATO統合核戦力の管理権を獲得することで、独自の核開発をしなくても、全ての外交目標の達成に良い影響を与えることができる可能性が存在したのである (Schwabe 2004: 39-40)。しかしながら、アデナウアーが独自核開発の選択肢を削除したというわけでもなかった。

アデナウアーは1957年4月4日の記者会見で「戦術核兵器は基本的に単なる大砲の進化したものではない。(不幸なことに今の我々は持っていない) 兵器技術の強力な進化によって、自国の軍隊にこの兵器を配備する考えを無視することができないことは言うまでもない。我々は他国の優位を追いかけ、この新兵器を持たなければならない———それは結局のところ、完全に実用可能な通常兵器である」(Messemer 1999: 244) と西ドイツの核武装の必要性を示唆する発言をした。12日に、この発言に対して、かつてナチス政権下で核開発に従事させられた経験を持つノーベル賞受賞者ハイゼンベルク (Werner Heisenberg) やハーン (Otto Hahn) といった化学、物理学や量子力学の研究で著名なドイツ人研究者18名が西ドイツの核武装に反対し、核開発には一切協力しない旨の声明 (ゲッティンゲン宣言) を公表した。アデナウアーはそれに対して、「この問題は、核物理学とは全く関係ない。これは、純粋に政治的問題であり、それ以外の何者でもない。これら十八人の方々は尊敬するけれど、一つのことを大変強く申し上げねばならない。私は、皆さんが、事前に、私と政治的話し合いを持っていただきたかった」(フォン・ユクスキュル 1994：125-127) との声明を発して政府の核政策に干渉するようなおこないを強く批判し、対外的にも対内的にも慎重に対応して核開発という選択肢を維持するように努めた。それまで注意深く扱ってきた核武装問題を国際社会に伝わる公の場で討論し、西独政府が連邦軍の核武装を議会で可決するという積極的な行動をとった経緯と、NATO核戦力として核ミサイル基地の設置とMLF

の提案に対する外交政策をここでは説明する[16]。

(1) 西ドイツの核武装決議案

　西ドイツはその成立時からソ連の軍事的圧力を強く受けていたため、米国および西欧諸国との関係改善と安全保障コミットメントは国家の生存に不可欠であった。特に四方全てを東ドイツに囲まれた西ベルリンの防衛は通常戦力ではまず不可能であり、米国による核抑止の提供が絶対に必要とされていた[17]。だが、米国が米ソ対立を深刻化させてまで西ドイツの防衛に協力してくれる保証があるかどうかという問題は、拡大抑止に常に生じる疑問であり、米国が西ドイツに完全な安心を与えることはできなかった。だからこそ、アデナウアーは核武装の可能性を完全には排除したくなかったと考えられる。

　この問題が表面化したのは、10月にソ連がスプートニク打ち上げに成功し、米国がミサイル開発においてソ連に大きく遅れをとっているという恐れ、いわゆるスプートニク・ショックが西側陣営に生じたときである。米国が、西欧を飛び越えてソ連から直接核攻撃を受けるようになったとしたら、米国が自国の安全を犠牲にしてまで西欧を守ることができるのか。この懸念によって米国による安全保障コミットメントが低下し、西欧諸国はより確証の高い安全保障措置を求めるようになった。ベルギーとオランダは「欧州大陸のNATO加盟国は戦略核兵器による防衛を満足だと感じておらず、それはNATOの加盟国にとって有効ではない」と主張する共同報告書をワシントンに提出して、ソ連優位に傾いた欧州の軍事状況の改善を求めた（牧野 1999：28）。

　再軍備したとはいえ独力ではソ連の軍事圧力に対抗できない西ドイツにとっても、米国との提携こそが安全保障政策の中核であり、スプートニク・

---

16) NATO核戦力配備の問題では、準中距離弾道ミサイル（MRBM: Medium Range Ballistic Missile）、中距離弾道ミサイル（IRBM: Intermediate Range Ballistic Missile）、潜水艦発射弾道ミサイル（SLBM: Submarine Launched Ballistic Missile）が取り上げられたが、本書の議論では詳細に区分して説明する必要はないため、いずれかの核兵器を指す場合には、特に指定しない限り、単に核ミサイルもしくは核兵器と記述する。

17) 西側から見た1950、60年代のソ連の軍事力に関しては、Duffield（1992）を参照。

ショックはその土台を弱めかねない大きな事件であった。当時、ソ連は東ドイツ独立による東西分断の既成事実化を進めており、さらにはいつ西ベルリンを支配下に置こうとするか予断を許さない状況でもあった。

このような国際情勢の中で、アデナウアーは1958年3月20日に連邦議会で本来の予定になかった連邦軍の核武装案を発議し、決議を求めた。それから4日間の討議の後、25日に世界で軍縮が実現するまで連邦軍を「最新鋭兵器（die modernsten Waffen）」で武装することが決議された[18]。議会におけるアデナウアーの演説の重要な点は2つあった。第1に、ソ連と核兵器の危険性の強調であり、そして第2に、ソ連に対抗する能力をNATO主要国が持つことの必要性である[19]。スプートニク・ショックで米国の信頼が揺らいだ当時の国際情勢から判断するならば、核武装決議案は、西ドイツにとってソ連の脅威と米国の後ろ盾を失うことの双方に対応できる安全保障政策であったといえるだろう。

重要なこととして、このときの核武装案では、西ドイツ自身が核兵器を開発して保有するとは明言されていなかったことが挙げられる。「連邦軍を最新鋭兵器で武装する」と決議案には記述されたが、武装の手段に関する具体的な言及はなかったことに加えて、後述するNATO理事会（NAC: North Atlantic Council）の決定があったことから、西ドイツが独自の核開発を決定したとは必ずしも解釈されなかった。西ドイツの政治家の中で最も核兵器の効果を高く評価したアデナウアーと国防大臣シュトラウス（Franz Josef Strauß）にとっても、主目的は核保有国になることではなく対ソ安全保障であったことから、必ずしも独自開発した核兵器でなくてもよかったからである。西ドイツはフランス、イタリアとの共同核開発計画や米国からのNATO軍の核兵器供与によって核抑止を確保しようとしており、この時期ではその実現可能性も高かったといえる。それでもゲッティンゲン宣言を批判するなど完全に独自の核開発を排除したくなかったのは、政策の選択肢として核開発を残しておくだけでも

---

18) *VDB* 40（1958）: Undruck 41.
19) *VDB* 40（1958）: 840-847.『世界週報』1958年4月12日：21-28。

西ドイツの核保有を不安視する米ソ双方に対する外交カードとしての効力を発揮したからである。米国の安全保障コミットメントが弱まったときに核開発をする可能性があるならば、米国はそう簡単に西ドイツから撤退はできない。また、同様に安全保障の理由から、ソ連が軍事的圧力を強めすぎれば西ドイツが独自の核開発を選択してしまう恐れから、ソ連は強攻策に出ることが難しくなる。西ドイツの安全保障政策にとっては、核開発を選択肢として残しておくだけでも有効な政策になったといえるだろう。

西ドイツの決議案に対してソ連は極めて強い不快感を示したが、さらにアデナウアーは4月に入ると、1957年11月から議論していたフランス、イタリアとの核の共同開発案に署名するなど、ソ連の圧力に屈することなく、西ドイツの核武装に向けた政策を採用したのである（Ahonen 1995: 32-33; Messemer 1999: 253-256）[20]。

3月20日の議会の本来の議題は、深刻化するベルリン情勢と核軍縮問題のために近い将来の開催が予想された米ソ首脳会談に対して、西ドイツの取るべき外交姿勢を決めることであった。前者は11月に第二次ベルリン危機として表面化する問題だが、1958年にはすでに東ドイツ国民の西ドイツへの亡命は深刻な人材流出問題となっており、亡命の窓口となっていた西ベルリンの存在が東ドイツとソ連にとって大きな懸案事項となっていたからである。東ドイツからの亡命者の数は1949年から1957年の間だけでも毎年20万人前後、総計で198万人に達し、さらにはその多くが労働人口であるとともにエンジニアや医者など高度な知識を持った人材であったことが、東ドイツの危機感を非常に強めた（Dowty 1987: 121-122; Hirschman 1993: Table 1）[21]。ベルリン問題の解決を訴える東ドイツに対して、ソ連は1958年2月に「西ベルリンを漸

---

[20] ただし、1958年6月17日にド・ゴールが独自の核開発計画を定めたために、3か国共同開発計画は実質的には機能しなかった。

[21] ベルリンの壁構築までに東ドイツ全人口の約20%が亡命したと推定され、東ドイツの労働力人口の割合は1939年の70.5%から1960年には61%にまで減少した。また、1960年には688人の医者、296人の歯科医、2648人のエンジニアが西側に亡命したという（Steele 1977: 115, 120）。

進的に政治的かつ経済的に占領することで、ベルリン問題をドイツ問題全体から切り離して解決できる」(Gaddis 1997: 139) と返答した。東ドイツにとっては、ベルリン問題の解決を先送りにすることはもはや不可能であり、ソ連もそれに同調したのである。フルシチョフは政治的・文化的に西ベルリンの人々の心を掌握することが最善の手段と考えていたが、米国の支援を受けた西ドイツの物質的な豊かさに東ドイツが対抗するのは難しいと考えていた (Schecter 1990: 163-164)。

　西ドイツが独自の核開発を実施しない状態で核武装決議案を採択できた理由は、NATO で加盟国への核ミサイル基地設置が本格的に議論されていたからであった。決議より約1年前の1957年4月に東ドイツ政府が、アデナウアーが5月に訪米する際に米国から西ドイツへ戦術核兵器を引き渡す秘密協定の調印がおこなわれるとの情報を得たと政府放送で述べるなど[22]、すでにこの頃から西ドイツへの核ミサイルの配備が国際的に真実味を帯びて受け取られるようになっていた。実際に、5月のNATO理事会では核ミサイル配備の問題が議論された。このときは西ドイツの総選挙が秋に控えていたこともあって、アデナウアーが政権を維持できることが分かるまで核ミサイル配備に関する具体的な決定はできなかったものの、「軍縮に関する受け入れ可能な合意案が定まらない限り、防衛に必要な近代兵器をNATOが所有することを否定することができる国家など存在しない」とNATO加盟国の核兵器の所有権が再確認された[23]。そして5月9日にNATO理事会は西欧防衛のための新たな戦略構想を採択して、NATOの防衛方針を改めた[24]。

　正式に西欧諸国への核ミサイル基地設置が決定されたのは、スプートニク打ち上げの2か月後、12月16日から18日にかけて開催されたNATO理事会においてである。その結果、設置される核ミサイル基地の所属はNATO欧

---

22) 『朝日新聞』1957年4月8日朝刊：2。
23) Final Communiqué of the North Atlantic Council, Bonn, 2nd-3rd May 1957. *NATO Online Library*, http://www.nato.int/docu/comm/49-95/c570503a.htm [accessed 2019/05/30].
24) Final Decision on MC 14/2 (Rev), 23 May1957. In *NATO Strategic Documents 1949-1969*: 277-314.

州軍最高司令官(SACEUR: Supreme Allied Commander Europe)の下になるものの、核弾頭とミサイルの配備とそれらの使用に関する取り決めは、NATO防衛計画とその核兵器に直接関係する国家間の合意によって定められるものとみなされた。すなわち、西ドイツ国内に配備された核ミサイルの使用に関する決定権は基本的に米独に帰属することになり、共同声明のとおりになるとしたら、ベルリン問題などドイツ問題に関する有事の際の西ドイツの影響力が強まることは明らかであった。さらに、防衛兵器の生産に関して、NATO内での中距離弾道ミサイルを含む近代兵器の共同研究、開発、製造を促進するためにさらなる措置をとることを決定したのである[25]。

このときにはすでに、約100人の西独人将校と技術者が将来の核ミサイル配備に備えた技術習得のために米国に派遣され、2年後には核兵器の軍隊編成を終えることが予定されているなど核軍事技術の蓄積を着実に進めていたこともあり[26]、西ドイツは米国からの核兵器供与による核保有を現実性のある選択肢とすることができたのである。アデナウアーは1958年4月21日にデュッセルドルフでおこなわれたキリスト教民主同盟(CDU)の党大会で演説し、次のように述べた[27]。

「西ドイツ軍は、向こう2年間核兵器を受け取らないだろう。戦術核兵器を持つ北大西洋軍に勤務している西ドイツの兵は、流暢な英語を話さねばならないし、1年6か月間特別訓練を受ける。そのため、ドイツ軍師団は今後2年経たないうちには核兵器で装備できない。

もし軍縮協定ができれば、西ドイツは核兵器計画を放棄する最初の国となろう。西ドイツ政府は、管理を伴う軍縮協定ができない場合にだけ核兵器を受け取るだろう。」

---

25) Final Communiqué of the North Atlantic Council, Paris, 16th-19th December 1957. *NATO On-line Library*, http://www.nato.int/docu/comm/49-95/c571219a.htm [accessed 2019/05/30].
26) 『朝日新聞』1958年3月27日朝刊:3。
27) 『朝日新聞』1958年4月23日朝刊:3。

ドイツにとって重要なのは、核ミサイルの使用に関する決定権を西ドイツも保持し、米国がソ連に妥協して西ドイツを見捨てたりしないように監視するとともに、東西対立がエスカレートして西ドイツが核戦争の戦場になることを防ぐことであった。そしてこの時点でも西ドイツは独自の核開発を完全には放棄しておらず、安全保障政策および米ソいずれにも通用する外交カードとして保持していた。たとえ本気で核開発をするつもりがなくても、その選択肢の保持だけでもしておけば、米国はその懸念から安全保障コミットメントを維持しようとするし、ソ連は西ドイツの核保有を恐れて強硬手段をとりづらくなるからである。

西ドイツの核武装案は、このように、NATO内における核配備が現実的になってきたと同時に米国の核抑止の信頼性が低下したときに決議された。NATO内で核ミサイルの配備の議論が進展したことで西ドイツの核武装が西側諸国から非難される可能性は低くなっていたし、米国が欧州大陸の防衛に負担を感じるようになりつつあった時期でもあった。それらの理由ともあいまって、西ドイツはNATOの安全保障という正当性を持った名目で核ミサイルを獲得する目前までいったのである。だが、2年後の1960年に実現するはずだった核ミサイルの配備は、同年に米国が提案した新たな集団安全保障体制をめぐる議論によって延期された。それがMLF構想である。西独政府もまた、より包括的な安全保障体制であるMLFに強い興味を示した。

（2） 西ドイツから見た1958年の国際情勢

アデナウアーは、第二次世界大戦でドイツ領内に侵攻してきたソ連軍の蛮行を見たことから、西ドイツ建国後は一貫してソ連に対して強い警戒心を持ち、米国を西ドイツにつなぎとめておくことを重要な安全保障政策とみなしていた。したがって、核武装決議もその政策の一環であり、決してそれまでの安全保障政策から急に外れたものとはいえない。しかしながら、NATO理事会で欧州への核ミサイル基地の設置が決定したとはいえ、スプートニク・ショックは欧州諸国の米国に依存した安全保障政策を脆弱なものにしてしまったことに変わりはなく、核ミサイル基地の設置だけでただちに米国の信頼が回復できた

とは言いがたい状況といえた。

　特に西ドイツからすれば、1958年に入ったときにはベルリン問題が再び緊迫化しつつあったことからソ連が強硬手段をとる可能性を否定できず、それに加えて、スプートニク打ち上げから数か月しか経っていないため、軍事的劣勢にあると考えた米国がソ連の要求に対して譲歩してしまうことも可能性としてありえる難しい状況にあった。

　ソ連の侵略と米国の撤退という、西ドイツの建国時から常に存在した2つの懸念が現実味を持った時期であったことから、アデナウアーとシュトラウスは対外的にも対内的にも欧州の核武装の必要性を訴えた。そしてその際には、NATO加盟国が核武装することが西欧の安全保障に必要であることと、西ドイツの核兵器はNATOの軍事力として配備されるものであると主張し、西欧諸国との関係悪化を避けられるように配慮した。

　アデナウアーの与党キリスト教民主・社会同盟（CDU/CSU）は1957年9月の連邦議会選挙で497議席中270議席を獲得して単独過半数を確保していたが、それでも国内には核兵器の国内配備に反対する意見は存在していた。CDU/CSUの支持率に反して西独世論は一貫して核武装に反対であり、アデナウアーは国民からの支持を期待できなかった。1957年に西ドイツの有力紙 Die Welt がおこなった世論調査では74%が核ミサイル基地設置に反対し、西独軍に核兵器を装備することにも73%が反対するなど[28]、国民の不支持は西ドイツの安全保障政策を難しくする懸念材料であった。

　また、国民世論だけでなく、政界においても核武装に関する反対意見が存在した。1958年1月23日の議会では、かつてはアデナウアーの外交政策を賞賛した自由民主党（FDP）のデーラー（Thomas Dehler）が、アデナウアーはドイツ統一を妨げたと非難し、他の野党党員もアデナウアーを非難するなど、安全保障問題をめぐる国内対立は激しさを増していた。さらには、このときの

28）『朝日新聞』1957年12月15日夕刊：1。1963-65年の世論調査では、NATO指揮下のMLF構想に対して34%が「好ましい」、13%が「条件付きで好ましい」と答えている。Deutsch 1967: Appendix C（Q56）.

アデナウアーはそれ以上に対外的なことに不安を持っていた。アデナウアーからすると、西側陣営の結束が1956年のNATO会談の成功のときに比べて低下しているように感じられていたからである。特に懸念していたのは、米国とアイゼンハワーがソ連の脅威とフルシチョフが信頼できないことを理解していないことであった。「西欧（Abendland）」に持つ文化的見解の異なる米国との溝にアデナウアーは不安を覚えていた。戦後の米独関係の肯定的発展の形跡を調べた外務局の報告書においても、米国におけるドイツ像は薄氷の上に立ったものという結論がなされていた。たとえ米国政府と多くの米国国民が西ドイツの民主主義とめざましい経済復興を賞賛したとしても、ドイツの発展は、英国とフランスの発展に比べれば、米国にとって注意深くかつ批判的に観察するべきことだったからである。このような理由から、アデナウアーは西側における西ドイツの立場に疑念を持っていた。スプートニク・ショックと合わせて米独関係の安定に関する不安材料が存在した時期に、ベルリン問題と核軍縮問題を話し合うために米ソ首脳会談開催の話が本格化したこともあって、アデナウアーはドイツ問題が東西ドイツを無視して話し合われることと、中欧の非核地帯案（ラパツキー案）や中立地帯案によって西ドイツが西側陣営から切り離されてしまうことを恐れた。NATOでは前年12月のNATO理事会において核兵器を含む欧州安全保障体制に関する共同声明を採択したが、それでもアデナウアーの懸念を払拭することはできなかった（Granieri 2003: 111-113）。

　核抑止を西ドイツの防衛政策の中核とみなし続けたシュトラウスは、スプートニク・ショックによって米国の提供する伝統的な核抑止が限定的かつ信頼性の劣ったものとなった状況において核抑止の効果を維持するためには、その軍事的、地理的重要性より、西ドイツが特別な努力をする必要があると考えた。そのためには、西ドイツに戦術核兵器を配備して核抑止の信頼を回復することが必要であり、そうすることでソ連の地域限定的な攻撃が起こる可能性を消去することができると考えたのである（Ahonen 1995: 31-32）。

　ラパツキー案が西ドイツの安全保障にとって負の影響をもたらすと考えた西独政府は、2月21日にいわゆるシュトラウス案をNATOに提出するなど、ラパツキー案に反対する姿勢を崩さなかった。シュトラウス案とは西ドイツが

非核地帯を受け入れる代わりに中東欧諸国に駐留するソ連軍を西独駐留軍と同等にまで減少させることを提案した軍縮案であるものの、ソ連に軍事的な不利益をもたらす内容であるため、ソ連に受け入れられる提案とはいえなかったためである（Maruzsa 2009: 12）。3月に入ると、米ソ首脳会談の議題や開催場所、さらには開催の是非をめぐって連日のように米ソを中心に、ときには英仏独や国連事務総長を加えて意見のやりとりがなされたが[29]、西ドイツはドイツ問題と核軍縮問題に対する態度を明確にするために国内の意見をまとめる必要があった。3月20日に開かれた連邦議会の議題は、本来はこの首脳会談に対する西ドイツの姿勢を定めるためであったが、アデナウアーは突然に核武装を議論に取り上げ、可決にまで持っていったのである。

（3）米国の欧州安全保障政策とMLF

　米国の核戦略と欧州の安全保障政策にとって転機となったのは1957年のスプートニク・ショックであった。「ショック」という名称のとおり、ソ連のスプートニク打ち上げ成功は、航空宇宙産業では優位に立っているという米国の自信を喪失させた大きな事件であった。世界初の核兵器開発に成功した米国の軍事力は優れた科学技術力に基づいたものであり、冷戦初期の米国の軍事的優位を支えていたのが核兵器と空軍の強さであったことからも、それは強い説得力を持った考えであった。高い科学技術力を持つ国家は軍事的優位に位置するというのが当時の米国の主観であり、核技術ではソ連に追いつかれつつあっても核兵器を運搬する技術で勝っていたからこそ、米国は核対立で優位にいると考えることを可能にしたといえる。だからこそ、米国の技術力でも実現できていなかった衛星打ち上げにソ連が成功したことに対して、米国は強い衝撃を受けたのであった（芝井 2012）。第二次世界大戦終結後の米国と西欧の安全保障は核抑止によって成り立っていたため、核戦力で大きな遅れを取っているかもしれないということは米欧にとっては看過することはできなかった。NATO加盟

---

[29] 1958年3月の『朝日新聞』では、ほぼ全ての日にち（1, 18, 24, 27日以外）の朝刊もしくは夕刊で首脳会談開催に関する外交経緯が伝えられた。

国への核ミサイル配備はこの問題に対する対策として採用されたが、それは同時に、米国への信頼が揺らいだ西欧諸国、特に西ドイツが独自の核開発に走らないようにするためでもあった。

　米国にとっても、欧州諸国の防衛分担という観点からNATO内の核ミサイル配備は視野に入れたものの、西ドイツという東西の軍事対立に大きな影響を及ぼす国家が核保有国になることは避けなければならなかった。上述したように、NATO加盟国への核ミサイル基地設置の取り決めにおいては核弾頭の使用を設置国との合意で決定するとしたものの、西ドイツの核武装決議を歓迎した米国政府当局者は「……原子弾頭についてはすべて米軍がこれを西ドイツに補給し、常時在独米軍によって管理されることになる」と発言し[30]、西ドイツの核武装に賛同する前提は、その核兵器の所有権が米国に帰属する軍備体制であることを明確にしている。米国は、欧州の防衛に貢献しながらも西ドイツが単独で核ミサイルを所有したりできないように、自らが一括管理できるような統合的な欧州の核戦力を構築することを構想した。それがMLFである。NATO加盟国への核ミサイル基地設置の議論が、米国ではMLFに取って代わられていった。

　米国のMLFへの方向転換において重要な役割を果たした一人が、米国人のNATO欧州連合軍最高司令官ノースタッド（Lauris Norstad, SACEUR）である。ノースタッドは1957年の時点でNATOを第4の核保有国とする構想を持っており、1960年に入るとその考えを洗練させ、SACEURの支配下に置かれるかたちで核ミサイルを欧州大陸に配備することを提唱したのである。しかし他方では、ノースタッドとは別に国務省で1960年4月に核ミサイルを装備した米国海軍の戦略原潜（SSBN: Submarine Ballistic Nuclear）をNATOに配備する案が発案され、6月には複数国の国民を乗務員とする船舶を配備することをスミス政策企画本部長（Gerald Smith, Director of Policy Planning）が提案した。そして8月2日にトワイニング統合参謀本部議長

---

[30] 『朝日新聞』1958年3月27日朝刊：3。

(Nathan Twining, CJCS: Chairman of the Joint Chiefs of Staff)が提案した5隻の戦略原潜による核戦力案に対して、ノースタッドはそれに同意し、陸上戦力よりも海軍戦力を用いることに考えを改めたのである。この案では、核戦略に関する決定は米国の独占するものとされた（Solomon 1999: 11-12）。

その一方で、ノースタッド案を支援したブーウィ大統領特別顧問（Robert Bowie, Special Advisor to the President）は、NATOの核戦力は多角的（multilateral）かつ多国籍（multinational）な性質を持つようにすることを主張した。ただしブーウィは、NATOの核戦力はSACEURの完全な支配下に置き、米国は欧州の核戦力に関する管理権を失うことになるだろうとする考えを述べるなど、核兵器の管理権をめぐる米国国内議論はまだまとまっていないことも見受けられた。そして9月にノースタッドがアデナウアー、スパークNATO事務総長（Paul-Henri Spaak, Secretary General of NATO）、翌年にスパークの後任となるオランダの政治家スティッケル（Dirk Stikker）らと会合を持ち、彼らがNATOの統合核戦力構想に好意的な印象を受けたことを確認すると、アイゼンハワー政権はNATO核戦力構想を本格的に検討し始めた（Dietl 2006: 363-364; Solomon 1999: 12-16）。そして12月16日のNATO理事会外相・国防相会議（Ministerial Meeting of NAC）においてハーター国務長官（Christian Herter）が、1963年までにNATOに5隻の核ミサイルを装備した戦略原潜を提供すること、NATO加盟国が自らの負担で補足的なミサイルを準備するのであれば、5隻の原潜も統合させてNATOの支配下に置くことを提案したのである[31]。

この提案でも米国は核兵器の管理権を西欧諸国に譲渡するつもりはなく、西ドイツが求める核の管理権を与えるつもりはなかった。西ドイツはこの案をおおむね好意的に受け止めたものの、シュトラウスは全ての戦術核の管理をNATOの中枢がおこなうことに拒否反応を示しているし、自前の核兵器を持

---

31) Final Communiqué of the Ministerial Meeting of the North Atlantic Council, Paris, 16th-18th December 1960. *NATO On-line Library*, http://www.nato.int/docu/comm/49-95/c601216a.htm ［accessed 2019/06/02］.

つイギリスとフランスもこの構想に難色を示した（Dietl 2006: 366; Solomon 1999: 16-20）。しかしながら、同盟国からの反対があったとはいえ、このハーター提案によってMLF構想は国際社会における議題となり、NATO内での賛否両論とともにソ連からの強い反発を受けることとなったのである。

2　中国への波及

　米国は西ドイツの安全保障問題と核武装問題を解決するための手段としてMLFを提示したが、MLFはソ連から見れば西ドイツが核の発射ボタンを握る制度であり、決して受け入れることのできないものであった。だが、西ドイツの軍事的脅威であるソ連が外交圧力をかけても西ドイツを説得することはできなかった。ソ連は西ドイツに核武装させないために国際規範としての核不拡散を訴え、核実験禁止条約、さらには核不拡散条約の締結まで主張するようになった。それを西ドイツに受け入れさせるために最も重要なことは、米国との協力であった。米国にとっても利益のある核不拡散体制の設立で米ソ協力を実現し、米国に西ドイツの核武装を阻止させることをソ連は目指したのである。

　その政策において、ソ連は、スプートニク・ショックでソ連を警戒する米国からの信頼を得るために、自らが核技術支援をおこなっていた中国をこの問題に関連させ、中国を核不拡散に同意させる方向で活動した。それによって、欧州の核不拡散交渉に中国が関連付けられることになったのである。ここでは、米ソ関係の改善のためにソ連がおこなった対中核不拡散政策を明らかにする。

　東アジア情勢におけるソ連の外交政策にはもうひとつの思惑があった。核不拡散を国際社会に強く訴えたこの時期は、同時に中ソ同盟が中ソ対立へと悪化していく時期でもあり、そのことも中国への核不拡散の要求にもつながった。1958年頃からソ連が中国の軍事力への影響力を強めようとする動きがあり、中国はソ連への警戒を強めた。それに対して、ソ連は台湾問題の解決と米国軍の脅威から核抑止を求める中国の攻撃的な対外姿勢に不安を覚えていた。中国に核不拡散を受け入れるように要請したのはソ連の第一の安全保障問題である西ドイツの核武装を防ぐことが目的ではあったが、この時期のソ連には中国の

軍事力拡大を阻止したい理由も生じていたからである。

フルシチョフは西側陣営との全面戦争を覚悟してまで共産主義勢力の拡大を目指すような意志はなく、むしろ現状維持を基本とした勢力圏の安定を望んでいた。それに対して中国は台湾制圧による国家統一を目指したが、米国の核抑止のためにそれを実現できないでいた[32]。そのため毛沢東は1953年から1954年にかけてソ連に対して核兵器の供与を求めた。毛沢東は朝鮮戦争を停戦させた核兵器の影響力を指摘し、さらに、米国は北朝鮮と中国を近い将来攻撃するであろうと主張して核兵器の供与を訴えた（Gobarev 1999: 20）。中国の立場からすれば、単に国家統一のために核抑止が必要であったというだけでなく、米国から攻め込まれることに強い不安を覚えていたのである。しかしながら、ソ連には台湾のことで米国と全面戦争をする意思はなかったこと（Gobarev 1999: 20-21; 飯塚 1998：59-66）、中国への核の提供が米国による西ドイツへの核の提供を正当化しかねないことに不安を持ったことから、ソ連はそれを拒否した（下斗米 2004：107）。核兵器の供与が望めなくなった中国は、ソ連の援助に加えて国内経済も発展していたことも手伝って、独力での核保有を目指すようになっていった。中ソ関係の悪化が欧州の核不拡散交渉とどのようにつながったのかを、ここでは明らかにしていきたい。

（1）ソ連の対西ドイツ核不拡散政策

ナチスの侵攻によって大きな打撃を受けたソ連は、ドイツの復活をソ連の安全保障上重大な脅威と捉えており、第二次世界大戦後まもない時期はドイツの共産化や中立化などによる脅威の排除を模索した（Adomeit 1998: 57-71, 87-92）。そのため、いかなるかたちであっても西ドイツの核保有を恐れていた。MLF構想が表面化してからはもちろん、米ソ間で核不拡散への同意が生まれる前からも、西ドイツが核開発しないように警戒していた（Brands 2007: 393-395）。西ドイツはNATO加盟の際にドイツ領土内での核兵器開発、貯蔵は

---

[32] 第一次台湾危機時の米国の東アジア核戦略に関してはJones（2008）を参照。台湾危機における中国の米ソへの対応は、Sheng（2008）を参照。

しないと宣言したものの、前述したとおりそれ自体は簡潔な文章であり、あらゆる所有方法を削除した具体的な文章ではなかった。そのため、その宣言だけでソ連が西ドイツへの警戒を緩めることはなく、1955年12月17日の駐西独ソ連大使への訓令における最優先事項として西ドイツ再軍備の監視が定められていた。1957年春にアデナウアーと西独外務大臣フォン・ブレンターノ（Heinrich von Brentano）が駐西独ソ連大使スミルノフ（Andrei Smirnov）に核武装計画が採用直前であることを伝えたとき、フルシチョフは粗暴な外交文書を送り、アデナウアーとの機密の連絡経路を遮断するなど西ドイツの核武装に対して極めて敏感に反応し、ソ連の対西独外交は強硬路線となっていった（Zubok 1993: 7-8）。

　西ドイツに核兵器を設置されるということは、過去の経験からの恐れというだけではなく、西側陣営に対して軍事的に大きく不利になることを意味しており、ソ連が看過することはできなかった。だが、西ドイツに核武装を本格的に目指させることになった原因は、皮肉なことにソ連によるスプートニクの打ち上げ成功であった。米国本土が核攻撃を受ける可能性が生じたことは、西欧諸国に米国の安全保障コミットメントに疑いを持たせることになり、西ドイツは本格的に核保有の手段を模索し、NATOでは1957年12月に加盟国への核ミサイル基地設置が決定された。

　ソ連首相ブルガーニンはNATO理事会開催目前の12月10日にアイゼンハワーに次のような趣旨の書簡を送り、西ドイツへの核兵器配備の危険性を警告した[33]。

　「ソ連が達成した科学技術上の業績に対する米国および他のNATO諸国の反応は誤りである。大陸間弾道ミサイル、原水爆は破壊目的のためには使用されるべきではない。ソ連は、米国および他のいかなる国家も攻撃する意図を有していない。

---

33) Letter from Prime Minister Bulganin to President Eisenhower, on European Security, the Rapacki Plan, and Disarmament, December 10, 1957. *In Documents on Germany, 1944– 1959*: 220–226.

欧州の米国の同盟国に核兵器を配備する計画は、欧州諸国間における核兵器競争によってすでに複雑化している欧州大陸の情勢を悪化させるであろう。同様に、たとえば「ドイツ連邦共和国の自由になる核兵器」が配備され、これが欧州において動き始めた場合、その結果はNATO参加国が予期しないものになるかもしれないという事実を考慮しなければならない。(括弧は筆者)

米ソ両国は、英国政府とともに、どのような種類の核兵器も、東西いずれのドイツにも配備しないことに合意することを提案する。ドイツ連邦共和国とドイツ民主主義共和国が、ドイツにおける核兵器の製造および貯蔵を自主的に放棄することで米ソ間の合意を補足するならば、ポーランドおよびチェコスロヴァキアも、すでに公式に表明したとおり、両国において核兵器を製造ないし貯蔵しない義務を負うだろう。それによって、中欧には核兵器の危険が最小化された巨大な非核地帯が出現するだろう。」

ソ連側はこの書簡で、米国に対して軍縮問題を議題とする米ソ首脳会談の開催を提案した。さらにブルガーニンはアデナウアーにも書簡を送って西独軍を核兵器とミサイルで装備させないように要請するなど (Schwarz 1997: 315)[34]、ポーランド外相ラパツキー (Adam Rapacki) が10月の国連総会で西側陣営に提案した中欧の非核地帯案 (ラパツキー案) への賛同を求めた。だが、西ドイツはラパツキー案をソ連の謀略と疑い、ドイツの防衛を懸念する米国も賛同することはなかった。特に西ドイツはこのような威圧的な要求には妥協せずに核武装に向けた動きを活発化させ、1958年3月25日に核武装決議を可決した。

それに対してフルシチョフは3月31日にモスクワ放送から西ドイツに向けてドイツ語で声明を放送し、西ドイツの核武装決議はヒトラーが第二次世界大戦の準備を始めたときと大いに似通った状況を作り出すことになると指摘し、西ドイツを強く非難した。そして、もし西ドイツの核武装化が実施されるならば、戦争の場合には、核攻撃によって西ドイツは生物のいない地帯になるだろうと威嚇した (宮本 1989：417-418)。

---

34) 『朝日新聞』1957年12月11日夕刊：1。

アイゼンハワー宛の書簡の中で「ドイツ連邦共和国の自由になる核兵器の配備」に対する強硬な反対意見を述べたこととモスクワ放送による西独核武装決議案への威嚇に示されるように、ソ連は西ドイツが核攻撃の権限を付与されることを最も警戒していたのであり、それを阻止したかった。だが、西ドイツを説得するには安全保障措置が必要不可欠である限り、西ドイツにとっての最大の軍事的脅威であるソ連だけでは核不拡散に同意させることは不可能であった。ソ連も強硬路線だけではこの問題を解決できないことを1958年には認識し始めていた。スミルノフも、核武装決議案が可決されるよりも前から、アデナウアーとフォン・ブレンターノが核武装の考えを持っていると繰り返しフルシチョフと外務省に警告を発しており、決議案が議会で討論される直前の3月13日付の書簡で、西独政府は連邦軍を核兵器で武装する方向に向かうと書き送っていた（Zubok and Harrison 1999: 150-151）。

　結果として、ソ連の西ドイツに対する強硬姿勢はこのモスクワ放送が頂点であった。これ以降のソ連は外交方針を転換し始め、より柔軟な外交政策によって西独核武装問題の解決を目指すようになっていった。西ドイツに威嚇的な声明を放送したのと同日の3月31日に核実験の一方的停止（moratorium）を宣言し、米国との間に核不拡散政策に関する協調関係を築くことに重点を置くようになっていった。さらにブルガーニンを免責してフルシチョフが首相を兼務することで、よりいっそうフルシチョフの意向を外交に反映できるように政権を改革し、4月4日に国際社会に核実験禁止条約を提案した。それに合わせて西側諸国に書簡を送って強く核実験禁止への同意を求め、より明確に西ドイツが核兵器を装備することを阻止すべく努力を結集しようと訴え、国際的な核不拡散政策を前面に出して西ドイツの核問題の解決を目指すようになっていったのである（宮本 1989：418）。

　核実験の停止に関しては、最初はアイゼンハワー政権が1954年の春から核実験の一時停止の可能性について国内で調査を始めるなど積極的な姿勢を見せており、ソ連から最初に提案した議論というわけではなかった。当時はソ連が水爆の開発をしていたことから、原子力委員会（AEC: Atomic Energy Commission）と国防総省が米国の安全保障の観点から核実験禁止に異議を唱

えたが、国務省は核実験禁止に賛同した。たとえソ連を抑えることにならないとしても、核実験禁止は核拡散を防ぎ、軍拡競争による経済的負担を減少させられることがその理由であった。アイゼンハワー政権にとっては、制御できない核拡散は核戦争の引き金になりうるものであり、それを防ぐことは米ソ両国にとって利益になるものであった。そのことをソ連に伝えるために国務省は国連軍縮委員会（UNDC: United Nations Disarmament Committee）での外交活動を強化した。アイゼンハワーはブルガーニンに対して、核兵器の製造を相互に停止することを1956年3月19日の軍縮委員会で提案した。だが、このときソ連は、核拡散は核実験の停止とともにドイツの恒久的な非核化の実現によって阻止できると主張し、米国による核実験禁止の提案を拒否したことから、議論は停滞していたのである（Schrafstetter and Twigge 2004: 87）[35]。

しかしながら、NATO加盟国への核ミサイル設置の決定、そして1958年3月の西独連邦議会での核武装決議案の可決によって西独軍の核武装が現実味を帯びてくると、ソ連はそれまで以上に積極的に核不拡散に向けた外交交渉を国際社会全体に向けておこなうようになった。同時期に、米国政府内でも核実験禁止をソ連との交渉で取り上げるように主張する動きが出ており、7月1日から国連での会議が始まった。キューバ危機以前の国連総会においては、主に北欧諸国とソ連、ポーランド、チェコスロヴァキアが中心となって議論を進めていた。ソ連は1958年10月9日に国連に核実験禁止条約の草稿を提出し、全ての核保有国が原水爆の実験を中止することを提案した。さらには、10月17日にアイルランドが国連に提案した草稿から始まった核不拡散のための国際条約の議論においても、ソ連は核拡散が中欧に広がることに警鐘を鳴らし、西ドイツの核武装を阻止するための議論を展開した[36]。

国連でも核不拡散に向けた動きが活発化したことで、米ソの議論はより国際的な側面を持つようになった。1959年6月15日のジュネーヴ会議でアイルランド代表は核拡散防止問題を国連総会の第14セッションで取り上げるように

---

35) *YUN* 1956: 96-104.
36) *YUN* 1958: 6-7.

要請し、10月28日に草稿を提出した。この草稿では、軍縮交渉の場として開設する10か国軍縮委員会（TNDC: Ten-Nation Disarmament Committee）は核拡散の危険を防ぐための適切な手段を、それも査察と管理を条件とした国際条約を含んで考察すべきであり、それによって、核保有国は核兵器の管理を非核保有国に譲渡することを自制し、非核保有国は核兵器の製造を自制するであろうとされた。しかしながら、アイルランド案では、核兵器の管理権が核兵器製造国に残ったままでその同盟国の領土に移転されるような場合に対処できないとしてソ連は支持しなかった。それに加えて、本当に危険なのは秘密裏の核兵器の設置ではなく、核兵器とそのための基地を同盟国の領土に公然と移転することであると述べ、包括的かつ完全な軍縮こそが核拡散問題を解決すると主張した[37]。

このソ連の意見からは、NATOが決定した同盟国への核ミサイル基地設置を核不拡散の国際条約で阻止しようとする意図を読み取ることができるだろう。ソ連は、どのような形式の方法であっても、核保有国が非核保有国に核兵器を譲渡することを禁止する内容を核不拡散条約に盛り込むように強く主張することで、国際社会からNATOに圧力をかけたのである。

核不拡散交渉の課題は「新たな核保有国の出現の阻止」であり、その実現は米ソ両国が望んでいたことであった。核戦争が勃発する可能性を高めたくないこと、核軍拡の負担を減らしたいこと、米ソの国際的地位を維持したいことから核保有国の増加を防ぐことには米ソともに異論はなかった[38]。だが、核不拡散の具体的な方法となると互いに異なる考えを持っていたことから、協力関係は簡単には構築できなかった。

スプートニク・ショック後に西欧諸国、特に西ドイツが核保有を目指さないだけの安全保障体制を整える必要があると考えた米国はNATOへの核兵器配備を決定した。米国が軍事力の指揮権を保持することで核保有国を増やさずに欧州の安全保障を確保できると判断したからである。だがそれは西ドイツに核

---

37) *YUN* 1959: 17–18.
38) 核不拡散問題における米ソ協調は、Nye (1988), Lahti (2009), Walsh (2004) を参照。

の発射ボタンを与えることにもなりうる取り決めであり、ソ連から見れば実質的に核拡散であった。

このように、米ソ双方の核不拡散のための政策が相手にとって違う意味を持っていたため、核不拡散のための米ソ協力はそう簡単には進展しなかった。しかも、核拡散問題の中核であった西ドイツからすると、核兵器を配備しただけでは西ドイツの防衛に必ず協力してくれるという保証になるか確信を得られず、かつ西ドイツを犠牲にした宥和政策をおこなわないという確証も持てなかったため、西ドイツの安全保障のために核兵器の共同管理権を求めた。だが、それは欧州の安全保障を強化するかもしれないが、核拡散と米ソ対立の深刻化を招きかねない要請であり、米国も基本的に受け入れるつもりはなかった。一方、ソ連からすれば、米国からの譲渡でも独自の核開発でも、西ドイツの核武装は絶対に容認することのできない軍事的脅威であった。そのような事態になる可能性があるからこそ、いかなる形式であってもNATO加盟国への核兵器配備は受け入れられなかったのである。NATO核戦力構想がMLFに移っても争点の本質は変わらないため、ソ連は反対の姿勢を崩さなかった。

ソ連は核実験禁止とそれに伴って包括的な軍縮を実現することで核不拡散も実現できるとみなして重視したが、その理由は核実験禁止の主要な目的が西ドイツに核兵器を開発できないようにすることであったからである[39]。それに対して、米国はソ連の核実験禁止案は査察の面で不十分であるとして同意しなかった。核実験禁止と平行して、東側陣営は中欧の非核地帯案も提示したが、ベルリン問題が切迫した状況では西ドイツの警戒心を刺激することになってしまい同意を得られず、米国もまた同意しなかったため、これも西ドイツ核問題の解決には結びつかなかった。

したがって、核不拡散と核実験禁止の国際条約を締結するためには、米ソ

---

39) 1963年にソ連外務次官クズネツォフ（Vasilii Kuznetsov）は、核実験禁止条約の主要な目的は西ドイツが核兵器を獲得することを防ぐことにあったと、東ドイツで私的に述べた。Discussion between Soviet Deputy Foreign Minister Vasilii Kuznetsov and the SED Politburo (Fragment), October 14, 1963. *Wilson Center Digital Archive*, https://digitalarchive.wilsoncenter.org/document/113079 [accessed 2019/06/02].

間に存在する西ドイツ核問題の解決方法の不一致をどのようにして解消するかが焦点となった。この意見対立で積極的に行動したのはソ連であった。核不拡散の実現と核実験禁止条約の締結に向けた協力関係を築くために国際会議での活動を活発化し、さらには米国の信頼を獲得するために中国の核開発をこの問題に関連させて取り上げ、中国を核不拡散に同意させる方向で活動したのである。ここからは、米独ソ間のMLFと核不拡散をめぐる交渉と、中国の核開発がそこにかかわっていく過程を明らかにしていく。

(2) 中ソ間の信頼低下

　中ソの関係は新技術協定を締結する前から密接で、ソ連は中華人民共和国の建国時から軍事面だけでなく経済面でも非常に多くの支援をおこなっていた (Li 2007: Ch. 3; Shu 1998)。中国の発展にソ連の支援は大きな役割を果たし、1950年代に中国は急速に国内を充実させた。

　1950年代半ばのソ連は中国の要請に応えて核開発支援を決定するなど、西ドイツの核武装を警戒しながらも、核不拡散とは異なる政策をおこなっていた。フルシチョフが中国の核開発援助を決定した背景には、スターリン批判によって動揺していた社会主義陣営の結束力とソ連の指導力を回復するために中国に仲介役を求めた事情があるものの、締結した中ソ国防新技術協定に基づいて1957年から核技術支援をおこなった (Gobarev 1999: 1-27; Goncharenko 1998; Liu and Liu 2009; 宮本 1989：314-376)。NATO加盟国への核ミサイル設置が現実的になるまでは、ソ連は核実験禁止に対してそれほど積極的な姿勢は見せなかったといえる。

　しかしながら、NATO加盟国への核ミサイル基地設置が現実的になってくると、ソ連は軍縮とベルリン問題を話し合うための米ソ首脳会談を提案した。さらに西ドイツの核武装決議が可決されると、核実験禁止と包括的な軍縮に向けた外交を展開した。そのときにソ連は西側諸国だけでなく、自らが核技術支援をおこなっていた中国にも核実験禁止条約への参加を要請した。これが核不拡散交渉に変化をもたらす転機となった。

　前述したようにソ連は1957年から核技術支援をおこなったが、それは共産

主義国の指導者の地位を保つために中国の支持を得ることが目的であり、安全保障上の望ましい措置とは考えていなかった。中国が核保有国となれば、東アジアで大規模な軍事紛争が起きるかもしれず、米ソの直接対立にまで発展するかもしれない。東アジアでそのような事態を防ぐためにも、中国の軍事力を抑えたほうが都合がよかった。この時期にはすでに、ソ連にとって中国はいわば紛争の種として危険視され、同盟国としての平等な立場ではなく力で抑えつけるような対応をするようになっていった（下斗米 2004：110-111）。その一例が中ソ軍事力の統合提案であり、さらには核不拡散の国際的な取り決めによって中国の核保有を断念させることであった。欧州における最大の脅威である西ドイツの核武装の阻止に利用できると同時に中国の軍事力増大を阻止できれば、ソ連としては最も望ましい結果となったであろう。

　そのような思惑も手伝って、ソ連は1958年4月に国際的な核実験禁止条約を提案した。そしてその際に西側諸国だけでなく、核技術支援をおこなっていた中国をも条約に賛同させようとして書簡を送ったのである。

　フルシチョフは周恩来宛の書簡で「……もし核実験が今、中止されないならば、他の諸国が一定の期間中に核兵器を開発するかも知れず、その時には、実験中止の合意に達することは、もちろん、さらに困難になろう」（宮本 1989：419）と述べているが、フルシチョフのいう「他の諸国」のひとつが西ドイツであることは当時の国際情勢から明らかといってよかった。核実験禁止の国際的な推進は西ドイツの核武装を阻止するための重要な手段であり、ソ連はそのために中国に同意を求めたのである。これが欧州の核問題と東アジアの核問題に関連性を持たせる発端となった。

　もし中国が核実験禁止条約に加盟するならば、ソ連から技術支援を受けて推進している核開発が意味のないものになる。中国は1957年10月15日に中ソ新技術協定を締結して原爆の試作品と核技術の提供をソ連から約束されたばかりであったにもかかわらず、核開発を不可能にする条約への同意を求められたことになる。毛沢東によれば、中ソの軍事協力に齟齬が生じたのは1958年からであり、その後の中ソ対立の原因はこの時期から始まったソ連による主権侵害行為、すなわちソ連が中国の軍事力を支配しようとしたことにあったとい

う（Li 2007: 39; Shen 2002: f15）[40]。ソ連は核実験禁止への同意を要請した直後の1958年4月18日に、米ソ両国の潜水艦部隊の意思疎通のためと称して、中ソ共同所有の無線送信局を建設することを提案した。7月21日には訪中したフルシチョフが中ソ統合の核ミサイル搭載潜水艦艦隊の創設を提案するなど中国の軍事力をソ連に統合しようとする動きを見せ、9月には台湾危機に臨む中国空軍を強化するための支援を申し出たが、中国はいずれの提案も中国軍へのソ連の影響力増大を懸念して拒絶した（Li 2007: 76-85; Wang 2006: 10; Shen 2002; Sheng 2008: 495-496; 下斗米 2004：109-110）。

1958年8月に勃発した第二次台湾危機における対米方針の違いにも、中ソの足並みの乱れが表れた。当初は、ソ連は中国の核の後ろ盾になる態度をとっていたにもかかわらず、中国がソ連に情報提供せずに事態を一方的に進めたことでソ連を当惑させた。さらには危機の終結方針をめぐっても、瀬戸際戦略で米国を交渉の場に引き出してベルリン問題と軍縮問題を進展させたいソ連と、台湾問題は国内問題だとして強硬姿勢を譲らない中国との間で意思疎通の乱れが生じた（Gaddis 1997: 249-253; Sheng 2008: 498-499; Zubok 2003: 246-247; Zubok and Pleshakov 1996: 220-226）。

ソ連は、1958年9月に、ソ連が米国に対して優位な核戦力を保持している以上は中国の核開発は必要ないと説いた。そして1959年1月のソ連共産党第21回大会において、フルシチョフは欧州非核地帯構想に言及するとともに、太平洋地域が米国の核実験場となっている点を指摘して、東アジアおよび全太平洋地域を非核地帯にする必要性を訴えた。続いてソ連は、中国を4月27日のワルシャワ条約機構（WTO: Warsaw Treaty Organization）の会議に中国の外務大臣を参加させた。一般的には東西外相会談を控えて東側陣営の結束を誇示するためと考えられたが、欧州に直接関係の無い中国を招いた意図は中国に欧州情勢を理解させて技術支援の撤回を納得させることにあったと考えられるほど、一連の出来事がよどみなく進行している（宮本 1989：484-491）。

---

40) Record of Conversation, Mao Zedong and Soviet Ambassador to Beijing Pavel Yudin, July 22, 1958. In Westad 1998b: Appendix.

そしてジュネーヴ会議が一時的に閉会した1959年6月20日に、ソ連は中国への核開発支援がPTBTのために築いた西側諸国との緊張緩和に悪影響を及ぼすことを恐れて、中国に対して書簡を送った（Giles, et al. 2003: II -77）[41]。それによって、ジュネーヴ会議での核実験禁止交渉のため、中ソ新技術協定で約束した原爆の試作品の提供はできないことを伝えたのである。それに先立って欧州情勢を中国に理解させようとしたことからも分かるように、その目的は西ドイツの核武装を防ぐために西側陣営と核軍縮に関する条約を策定することであった。ソ連が中国の核開発を止めるように、米国に西ドイツの核武装を阻止させたかったからである（Ulam 1974: 622-623; 宮本 1989：488-497）。

トンプソン駐ソ米国大使も1959年10月に、「核実験禁止問題におけるソ連の目的は西ドイツと中国の核保有を阻止することにある」とアイゼンハワーに報告しており、徐々に米国にもその意図が伝わっていった（宮本 1989：493-494）。

この一連の信頼醸成政策によって、フルシチョフの訪米とキャンプ＝デーヴィッドでの米ソ首脳会談が1959年9月に実現した。この訪米における最初の議題は東西ドイツ問題、すなわち1958年11月に始まった第二次ベルリン危機に関する話し合いであり、次いで核軍縮問題と中台問題が議論された。特にベルリン危機は米ソの戦争をもたらしかねない問題であったため、フルシチョフもアイゼンハワーもまず戦争の意思がないことを互いに確認し合い、そのうえでドイツ問題の討議に入るなど、どちらも細心の注意を払って軍事衝突の回避に努めた[42]。フルシチョフとアイゼンハワーは1959年9月27日に台湾問題について議論したが、フルシチョフは台湾問題の平和的解決を望んでいると述べたものの、台湾は中国の一部であるとして蒋介石政府の正統性を認

---

41) 1959年6月12日の北米向けモスクワ放送は、「中国が署名する意思を持たないならば、核実験禁止条約の提案は信用できない」と米国が主張したとして、それを非難した（Hsieh 1962: 165）。ジュネーヴ会議は1958年5月11日から6月20日、7月13日から8月20日にかけて開催された。

42) Memorandum of Conversation, Washington, September 15, 1959. In *FRUS 1958-1960*, Vol. X: 392-402.

めず、軍事紛争の際には中国を支援すると主張した[43]。この訪米ではドイツ問題と台湾問題に関する合意は形成されず、継続されることとなった。フルシチョフもこの訪米では中国を完全に犠牲にしてまで対米関係を改善しようとはせず、問題の直接的な解決を目指したものというよりはコミュニケーションによる相互理解の進展に意義を見いだしたものといえるだろう。

　ソ連はジュネーヴ軍縮会議で包括的な軍縮を西側に主張したが、さらにその一環として1960年1月14日に約120万人の通常戦力削減を発表した。米国にとっては、ソ連には核ミサイルへの強い信頼があることから、この動きは予測できないことではなかった。さらに、もともと360万人といわれるソ連の通常戦力からの削減では軍縮としての意味合いはそれほど強くなかった。それでも、米国はこれを次回の軍縮会議に参加する意思を示すものと期待した。アイゼンハワーは2月11日に返事をしたが、そこでは「包括的な軍縮を話し合うためには（共産党中国として構成されている）巨大な領土と人口を無視できないことは極めて明確である」と述べられており、わずかではあるものの、米国側から中国の軍事力への言及が現れた[44]。この点においては、中国の核開発を外交カードとしたソ連の外交が実を結び始めたといえるだろう。

　その一方で、西側との軍縮および軍備管理交渉を積極的に進めたいソ連からすれば、中国の核開発を支援する意義はもはや存在しなかったといえる。1960年5月にU-2撃墜事件が起きて米ソ間に緊張が生じたが、決定的な関係悪化には至らなかった。それどころかフルシチョフは、7月に入ると、ソ連から派遣していた原子力関連の技術者たちの中国からの撤退を通達し、8月23日

---

43) Memorandum of Conversation, Camp David, September 26 and 27, 1959. In *FRUS 1958-1960*, Vol. X: 477-482.

44) United Sates Views on "the Soviet Union's Announcement of an Approximate 1.2 Million Proposed Reduction in Its Conventional Armed Forces": Statement Read to Correspondents by the Director of the Office of News (White), Department of State, January 14, 1960. In *AFP 1960*: 694-695; The Need for Communist China to be a Party to Any General Disarmament Agreement: Reply Made by the President (Eisenhower) to a Question Asked at a New Conference, February 11, 1960. In *AFP 1960*: 695.

までにソ連人の専門家は全ての関係書類を持って中国を離れた（飯塚 1998：76）。西ドイツ核武装を阻止するために核不拡散と核実験禁止条約の実現を目指したことと重なり、わずか数年でソ連の対中国政策は大きく変化していったのである。

　1958年から1960年における外交関係の変化を中国から見れば、中国における台湾問題の重要性を理解しないことへの苛立ちや、キャンプ＝デーヴィッド会談によって米国との対話路線を強めるなど、ソ連が中ソ関係よりも西側との関係改善を優先する態度を繰り返したことは、米国との「宥和」を疑わせることになった。それが後に中国がソ連を修正主義者と非難し、独自の選択肢を模索させることになった一因といえる（Chari 1978: 817; Gobarev 1999: 30-33; Goncharenko 1998: 157-159; Lüthi 2007: 481-482; Schaller 2002: 150-152; Ulam 1974: 618; 宮本 1989：505-506）。

　とはいえ、1958年春にソ連が西ドイツ核問題のために対米関係改善を求め始めたことが、すぐさま中国のソ連に対する信頼を完全に失わせたというわけではなかった。核技術支援も軍事的、経済的発展に大きく寄与するものであり、1960年に技術者が撤退されるまで、ソ連がどれほど西側との関係を重視した態度をとってもそれはイデオロギー的に不可能であり、いずれは中国との同盟関係を重視する立場に戻ると当初は考えていた。それが不満を持ちつつも、フルシチョフが派遣していた核技術者の完全撤退を通達するまでの約2年間、中国がソ連の核不拡散政策および対米「宥和」政策を黙認し続けた理由であり、中ソ対立が根深いものになっていった理由といえる。

　米国を最重要敵国として捉えていた中国は国際情勢をイデオロギー対立の枠組みで強く捉えていたため、東西陣営が完全に平和共存できるとは考えていなかった。中国から見れば、米国からの対話はソ連の瀬戸際政策の成功ではなく、東側陣営を内部分断させる策略であった。中国政府が作成した1959年の外交政策指針をまとめた報告書では、米国は自らを平和主義者と偽ってソ連を誘い、有利な状況を形成しようとしているとされた。それが意味するのは、その間に孤立した中国への攻撃準備を整えるつもりであると判断されている（Wang 2006: 7-9）。

第Ⅲ章　欧州核不拡散交渉と東アジア核問題の関連性

たとえ台湾問題で意思の疎通がうまくいかなかったとしても、当時の中国がソ連の共産主義陣営の指導者としての地位を尊重していた形跡も存在した。1959年1月にフルシチョフがソ連共産党第21回大会でソ連共産党が国際的な共産主義者の活動の中心の役割を終えるつもりであり、中国をその指導者とするつもりであるとする自身の考えを通達した。それに対してただちに周恩来がモスクワを訪問してフルシチョフに翻意するように説得し、ソ連は共産主義の中核であり指導者であるべきと主張した。フルシチョフはそれを受け入れ、ソ連は指導者の地位にとどまることを約束した。周恩来はまた米国主導の戦争の危険性を警告し、共産主義陣営と中ソの結束が米国の戦争計画を抑止するものとなりうると主張し、より強固な結束力を持って米国に対峙することを目指したのである（Wang 2006: 10-11）。

だが、やはり核実験禁止条約の提案と核不拡散政策は、安全保障のために核抑止を求めた中国との関係に悪影響を及ぼすことは避けられなかった。1958年4月の核実験禁止への同意要請のときは、中国側は不服に思ってもそれほど過敏な反応を示さなかった。たとえば1958年8月3日のフルシチョフとの対話において、毛沢東は核実験の一方的停止を続ける意思の有無を確認したが、「核実験が必要となるときまでに包括的な核実験禁止条約が締結されていなければ核実験を再開する」との回答をフルシチョフから得たことで、核実験禁止条約に関する話題を終わらせている[45]。1958年の時点では、中国は核実験禁止条約の提案は安全保障問題に本格的に影響を及ぼすものとは捉えていなかったといえる。しかしながら、1959年6月20日にソ連が通達した原爆の試作品提供の取り消しは、中国首脳陣にソ連が対米関係改善のために中国を犠牲にするのではないかとの強い疑念を生じさせた。6月23日の共産党首脳部の会議における毛沢東、周恩来、劉少奇の見解は、フルシチョフの意図は西側陣営との核実験禁止条約の合意を実現するための譲歩であるということで一致した（Wang 2006: 17-18）。そしてそれがアイゼンハワーとの会談を実現するための計画の一端で

---

45) Fourth Conversation of N. S. Khrushchev with Mao Zedong, Hall of Qinjendiang, 3 August 1958. In *CWIHP Bulletin*（12/13）: 260.

あるともみなした。この時期のソ連の外交政策は中国に犠牲を強いることが重なった。前述したフルシチョフの訪米に加えて、9月の中印国境紛争においてフルシチョフがインド寄りの立場をとったことは中国を失望させた。キャンプ＝デーヴィッド会談直後の9月30日に中国の建国10周年を祝ってフルシチョフが訪中したものの、この訪問中の会談は中ソ関係に良い影響を与えたとはいえず、むしろ関係悪化をもたらしたとさえいえた（Niu 2005: 8）[46]。

ただし、まだ核兵器が完成していないこの時点では、技術的にも安全保障の観点からもソ連との関係に完全に見切りを付けるわけにはいかなかった。中国が核兵器を完成させるためにはソ連の協力が必要不可欠であった。原爆の試作品の提供は撤回されたものの、ソ連からの核技術者による技術支援は続いていたし、1959年にも核の専門家が派遣された（Liu and Liu 2009: 91）。この結果として、核開発に必要な技術がソ連技術者の撤退前に中国に伝わり、その後の独自開発を可能にした（Gobarev 1999: 25; Lewis and Xue 1988: 41; Negin and Smirnov 2002）。

毛沢東は10月14日に臨時代理大使アントノフ（Sergei Antonov, Soviet charge d'affaires in Beijing）に連絡をとり、外交問題における見解の相違は両国にとって深刻な問題ではないことを訴えた。そして翌15日にはフルシチョフに私的な書簡を送り、中国の指導部はマルクス＝レーニン主義と国際主義の原理に対するフルシチョフの無二の忠誠心によって深く感動してきたと伝えた（Zubok and Pleshakov 1996: 228）。劉少奇は12月10日に2か月前に着任した駐中ソ連大使チェルヴォネンコ（Stepan Chervonenko）との会合において、「全ての主要な問題において我々二党の間には完全な合意が存在し、その他の問題における相違は単に一時的なものであり、解決可能である」（Zubok and Pleshakov 1996: 232）と述べるなど、中米対立と中ソ対立の間で微妙な綱引き

---

46) Draft report dated 18 December 1959, "On the [October 1959] trip of the Soviet party-governmental delegation to the PRC [People's Republic of China]," by M. Suslov to CC CPSU Presidium for presentation to a forthcoming CC CPSU Plenum (excerpt). In *CWIHP Bulletin* (8/9): 259-262; Memorandum of Conversation of N. S. Khrushchev with Mao Zedong, Beijing, 2 October 1959. In *CWIHP Bulletin* (12/13): 262-272.

をしている状況といえた（Wang 2006: 17-30; Zubok and Pleshakov 1996: 226-232）。

だが、1960年3月13日の北京放送で、中国の正式な参加およびその代表の署名無く締結された軍縮に関する国際協定は中国に拘束力を持たないと主張する声明を発して核開発への干渉を牽制することは忘れなかった（宮本 1989：675）。

中ソ関係は容易には改善されなかった。毛沢東はアイゼンハワーとアデナウアーの名を挙げて西側がフルシチョフに悪い影響、中国から見れば修正主義者への教育を強く及ぼしていることへの懸念を示した（Wang 2006: 34-35）。そのようなときに起こった5月のU-2撃墜事件を、中国首脳部は米国の帝国主義をフルシチョフに再認識させる好機と捉えてソ連を支援したが、フルシチョフはそれを対米関係改善に対する妨害行為と受け取った（Zubok and Pleshakov 1996: 233）。

7月5日から8月10日にかけておこなわれた中国共産党首脳部の会合において中ソ関係の見直しが議論されたが、その最中の7月18日にソ連から中国に派遣している核技術者の召還が通達された[47]。7月18日の会議で、毛沢東は「我々はソ連共産党と人民からの多大な援助を忘れてはならない。しかし今や、さらなる支援は存在しない。……我々はフルシチョフにも米国にも請い求めることはできない。我々は外国からの援助を得なる必要はない。我々は単独でレーニンとスターリンの社会主義の道を奉ずるべきである」（Wang 2006: 41）と述べ、独自路線を行く意思を示した。ソ連は中国を自らの路線に従わせようとする意図を持っていたが、期待とは反対の結果をもたらした。中国にとって、核技術支援の完全撤退は中ソの結束の弱体化と核抑止の断念にもつながるため、それが米国の脅威を高めることを意味したことも、その結果をもたらした一因であった（Wang 2006: 40-43）。ソ連は技術者撤退を決めた理由として3つの要因を挙げた。第1に、中国が一部のソ連人の技術者および技術

---

[47] The Soviet Embassy in Beijing to the Ministry of Foreign Affairs of the People's Republic of China, 18 July 1960. In *CWIHP Bulletin* (8/9): 249-250.

顧問に不満を示したこと、第 2 に、中国側の非友好的な扱いに対する批判が派遣されたソ連人の専門家からあがったこと、第 3 に、特に重要だったこととして、中国がソ連人の技術者に西側との対立は不可避とする中国の世界観を受け入れさせようとしたことに対してソ連首脳部が極めて強い不満と怒りを持ったことである。これはイデオロギー対立よりも対米関係改善を重視するソ連を刺激した。中ソ関係を複雑なものにした要因は複数あるものの、この技術者撤退が決定打となって実質的に中ソ同盟は終結し、中ソ関係は対立状況に変化していったのである（Jian 1996: 246, 249）。

　表面上はもうしばらく共産主義国同士として外交関係が続いた。1960 年 11 月にモスクワで開催された 81 か国共産党会議に国家主席の劉少奇が代表団を率いて出席した。中国首脳部はこの会議の結果が良ければソ連から離反しないと決めて会議に臨んだ。モスクワ到着の翌日からフルシチョフをはじめとしたソ連要人との接触が続いたことで、25 日に代表団は北京に向けて、フルシチョフが譲歩してきたことと対立よりも結束を強く望んでいることを伝え、妥協できる条件を考えるべきとの意見も同時に送った。そして 28 日に北京政府もまた譲歩することを決定した。その結果として 29 日に、ソ連は民族主義的共産主義に反するようないかなる言及も撤回する意思を持つこと、中国は 1956 年のソ連共産党第 20 回党大会（スターリン批判と平和共存路線を提唱した党大会）を承認することに同意することで中ソ間の妥協が成り立った。そして翌 30 日の朝にはフルシチョフが党幹部のスースロフ（Mikhail Suslov）、コズロフ（Frol Kozlov）とともに劉少奇、彭真、鄧小平と非公式の会合を持ち、共産党会議の決議における合意を結んだ。12 月 2 日に共産党会議が終了した後もモスクワに滞在した劉少奇はソ連から好意的対応を受けたことで、中ソ関係に関して楽観的な展望を持ったという。中ソが互いに譲歩したことで、最終的な破局はこのときも回避された。台湾をめぐる米国の軍事的脅威が変わらず存在していたことも、中国にとっては重圧だった。中国首脳部ではソ連との同盟を重要視する意見が復活し、1961 年までにフルシチョフは中国の戦闘機の生産を援助する意思があることを示唆するなど、核技術支援が途絶えて以降の新しい中ソ協力体制が模索されるかに見えた。中印国境紛争においても 9 月に

中国が解決する姿勢を見せたことも破局の防止に役立った（Niu 2005: 10-12; Wang 2006: 47-57)。

しかしながら、中ソ関係は1961年に表向きにも破綻した。原因のひとつはソ連が自らを修正主義と非難したアルバニアを1961年8月にワルシャワ条約機構から除名したことである。中国はソ連がアルバニアに何らかの圧力をかけることは予想していたが、これほど強硬な政策をとるとは思っていなかった。イデオロギーにおいてアルバニアと近い立場の中国は再びソ連の共産主義イデオロギーに疑いを持った。10月のソ連共産党第22回大会開催時に訪ソした周恩来はアルバニアの除名に反対意見を述べたが、それがソ連を怒らせ、10月31日に中国のワルシャワ条約機構への参加も禁止した。中国はアルバニアへの攻撃は中国を弾劾することが狙いであったとみなした。1962年6月にはソ連による中ソ国境侵害行為によって中ソ間に直接的な外交紛争が発生したことも問題となるなど、1962年の夏頃には中国のソ連への信頼はさらに低下していた。そして8月から9月にかけて毛沢東は劉少奇と共産党中央対外連絡部部長の王稼祥を中国の修正主義者とみなして非難し、国内外の修正主義者の共謀を訴えた。外交部長の陳毅は米国、ソ連、インドとの闘争は不可避であると主張し、毛沢東もそれに好意を示した。この時期の中国の国内政治闘争ともかかわって、中ソ対立は激しさを増したといえる（Niu 2005: 23-35; Wang 2006: 59-61)。

さらに、もうひとつの大きな原因となったのが、ベルリン危機を通じて、ソ連が中国との同盟よりも米国との関係改善と核不拡散を重要視したことであった（Zubok 1993: 20-32)。1962年8月25日にソ連は、外務大臣グロムイコ（Andrei Gromyko）と米国国務長官ラスク（Dean Rusk）が核不拡散に関する合意形成に向けて交渉中であることを中国に伝えた。後述するが、米国にこの交渉を積極的におこなわせた原因は、中国の核施設の充実さに対する懸念であった。ソ連の最大の目的は西ドイツの核武装の阻止であったが、中国は、フルシチョフの目的は中国を束縛することであると主張した。中国外務副大臣の章漢夫は、ソ連の所有する核兵器は社会主義国の安全を守るものとするソ連の主張を否定し、「フルシチョフは我々をだまそうとしているが、実際には我々

が核兵器を所有することを恐れている。修正主義者はマルクス主義が強化されることを恐れている。これらはすべてまやかしの言葉である。彼がいつ誰に向けてミサイルを発射するかを誰が知っているのか。決して告げることはできない」と辛辣に発言し、11月には「ある人々は、いまだに兄弟は兄弟であるというが、この兄弟は悪い兄弟であり、修正主義の年上の兄弟である」とも発言している。中国共産党中央対外連絡部副部長の劉寧一も「フルシチョフは敵と共謀してソ連に敵対し、共産主義に敵対した。すべての彼の行動の目的は我々に敵対することであり、中国を打ちのめし、中国共産党指導者である毛沢東同志を打ちのめすことである」と発言した（Wang 2006: 65）。

　中国の核施設の建設は1960年7月のソ連の技術者の引き上げによって停止していたが、1961年の春から中国人の核の専門家が建設再開に着手し始め、約1年の準備を経て、1962年5月から建設を再開していたことも重なり、中国は独力で米ソに対抗するための核開発を推進したのである（Liu and Liu 2009: 93）。

　1962年の夏は、このような経緯によって、中ソ同盟が中ソ対立へと明確に転換した時期であり、中国独自の核開発が本格化した時期であり、そして米ソ間で核実験禁止条約への基本合意が形成されて核不拡散交渉が本格化した時期でもあった。

　中国は1963年6月6日に臨時代理大使シチェルヴァコフ（Il'ia Shcherbakov）に書簡を送り、「ソ連政府は米ソによる核の独占によって核戦争を防止することを望んでいる。ソ連は中国が核兵器を獲得することを妨げようとすることでそれを実施してきた。だが、社会主義陣営を結集した力を強化するためには、すべての社会主義国は核開発能力を持つために努力しなければならない。5本の指を持ったときのみ、こぶしを作ることができる。すべての指が欠けているか1本しか持たないのではこぶしを作ることは不可能である」とソ連の中国の核開発に対する姿勢を非難した。さらに中国はキューバ危機におけるフルシチョフの核政策は中国にとって良い教訓になったと述べ、7月8日には鄧小平が、モスクワ会談における公式声明で、核問題において中国を束縛しようとするソ連の行為を非難した。このようにして、ソ連が米国とのPTBT

締結に向けて積極的になり、その対米関係改善に成功した代償として、ソ連が中国に核不拡散政策を受け入れされることは不可能になっていったのである（Radchenko 2009: 65-66）。また、ワルシャワ条約機構でも中ソ対立を懸念し、中国との関係改善を求めたポーランド労働党の第一書記ゴムウカ（Władysław Gomułka）と西ドイツ核武装問題を優先するフルシチョフとの間で対立が生じた。ポーランドの姿勢がソ連に対する中国の信頼を回復させることはできず、中国はNPTにも同意を示さなかった（Selvage 2001）。

中国を犠牲にして形成した米ソの協力関係が、どのように西ドイツ核武装問題の解決と国際的な核不拡散体制の成立に結びついたのか。次にその過程を示す。

3　米ソ協力関係の構築

NATO核ミサイル基地の設置の決定、西ドイツの核武装決議案に脅威を覚えたソ連は国連を通じて核実験禁止条約の締結を訴え、それによって新たな核保有国の出現の防止と米国との協力の実現を目指した。核実験が禁止されることになれば核兵器開発の成否を確認できないため、新たな核保有国が現れることもなくなるからである。だが、スプートニク・ショックによってソ連が軍事的優位に立っていたことと、その直前まで立て続けに核実験をおこなっていたこともあって、西側諸国からソ連優位の軍事状況の固定化を狙っているのではないかと疑われ、その反応は芳しくなかった。アイゼンハワー政権は1960年までNATO核戦力の具体案としてMLF構想を作り出して、ソ連の望みとは反対の政策を実行した。そこでソ連は中国の核開発支援撤回という行動をとり、核不拡散を実施することへの決意の強さを示した。

米国は始めからこの提案を肯定的に受け取ったわけではなく、状況変化が訪れるのはケネディ政権になってからである。ケネディ政権もその方針を継いでNATO加盟国とMLFの議論を続けたが、核拡散問題を重視して国際的な取り決めに前向きな姿勢を示した。もともとケネディは上院議員時代から核実験停止の継続と公的かつ包括的な核実験禁止を主張していたこともあって、アイ

ゼンハワー政権の軍縮政策に対して非組織的かつ不十分なものとみなして批判的であり、破滅的な軍拡競争は大気汚染、制御の利かない核拡散、そして究極的には地球の消滅をもたらすとみなして反対の意思を示していた（Nash 1999: 123-124; Wenger and Gerber 1999: 461-462）。そこに中国の核開発問題に関する見解の一致を見たことで、米ソは核不拡散に向けた協力に結びついたのである。ここでは米ソ間で米核不拡散政策において意見が一致する過程を、独間の意見対立と米国の対中評価の変化とともに見ていく。

（1）米独間のMLF論争

これまで述べてきたように、NATO加盟国とソ連にとってMLF構想が問題になったのは、西欧に配備される核兵器の管理権であった（Kelleher 1975: Ch. 5 and 7; Megens 2008: 94-95; Tal 2006: 100-101）。西ドイツは米国の安全保障コミットメントを確実なものにするため、かつドイツを戦場とされないためにNATO核戦力に関する決定にかかわることのできる権限を求めた。前述したように、アデナウアーの米国の安全保障コミットメントに対する信頼は低下しており、さらにシュトラウスは米国の拡大抑止の脆弱な部分を補うためには西ドイツが核兵器を所有することが必要だと考えていたことから、西ドイツが核兵器の管理に権限を持てないようなNATOの統合核戦力に同意する意思があるとはいえない状況であった。

しかしながら、アイゼンハワー政権は核の管理権を西欧諸国各国に与える意思は持っていなかった。ノースタッド案に基づくMLF構想の作成最中であった1960年9月12日に、ブーウィはアイゼンハワーに、米国から提供された5隻の戦略原潜が核攻撃を実行できるのは、NATO理事会の全会一致の可決もしくは米国から認可を受けたSACUERが命令したときのみとする提案をおこなった。条件付きとはいえ、NATO理事会にまで戦略原潜の指揮権を与えるということは米国による核の独占とは異なる多角的な核戦略構想といえた。この提案に対して、国防長官ゲイツ（Thomas Gates）はNATO核戦力の計画は支持したものの、多角的、多国籍の構想に強く反対した。それとは対称的に、ハーター国務長官はこの構想を支持した。10月3日の会議でアイゼンハ

第 III 章　欧州核不拡散交渉と東アジア核問題の関連性　109

ワーは双方の主張を聞いた後、ブーウィ案を推進することに決定し、自らの任期切れ前に NATO に提出することとした。同日の午後に国務次官からブーウィ案の説明を受けたスパークおよび統合参謀本部から全会一致原則の核管理の権限に対して異議が上がったが、アイゼンハワーはそれらを退けた。そしてハーターは 12 月 16 日にオタワで演説をおこない、1963 年末までに核兵器を搭載した 5 隻の戦略原潜を所有権、資金調達、搭乗員などの面で多角的なかたちで NATO の指揮下に置くことを約束したのである（Solomon 1999: 14-16）。このハーター案の公開から NATO の核兵器共有計画が国際社会で表立って議論されるようになった。

　西独国防大臣シュトラウスは NATO 理事会外相・国防相会議において「この提案に対して具体的な内容をすぐに形成すべきである」と述べて NATO 核戦力の推進に積極的な姿勢を示した[48]。だがそれでも、米国より提示された MLF 構想は西ドイツの要望からすれば不十分なものであった。その中でも問題となったのは、NATO 理事会の意思決定が全会一致原則であることと、米欧間の権力格差であった。

　米国政府内の意見は、多角的、多国籍の軍事力は指揮系統の確保が難しいことを挙げて反対する国防総省と、多角的な軍事力による NATO 加盟国との役割分担と関係強化に寄与するとして賛成する国務省に分かれていた。双方の立場は MLF 構想が頓挫するまで一貫して変わらず、意見の相違は政権が交代しても変わらなかった。しかしそれでも、米国と同等の核の管理権を西欧諸国に与える意思がないことでは一致していた。

　1961 年に入ってアイゼンハワーが引退すると、ケネディ政権が MLF 構想の推進者となった。ケネディは欧州における核拡散問題に強い関心を持っており、それまでの大量報復戦略の見直しも視野に入れて、欧州の核問題を検討した。たとえばケネディはフランスの核開発を支援して三巨頭体制を確立し、ドイツの抑制のための英仏協力を達成するという英国の「グランド・デザイン」構想を、フランスへの核開発支援は西ドイツから同様の要求を受けるきっかけ

---

48)　*New York Times*, 18 Dec 1960: 1.

になりうるとして拒否した（Schrafstetter and Twigge 2004: 108-109）。また、大量報復戦略は、軍事的な対応に適さない些細な妨害行為への対応策を準備できないことと、仮想敵国だけでなく同盟国まで核の使用で威嚇することになってしまう。そのために同盟国との関係を困難にしてしまうことが問題となり、政権交代の時期には米国内で見直しの必要が感じられていた（岩間 1997a, 1997b）。

ケネディはハーター案にそれほど興味を覚えず、アチソン（Dean Acheson）に同盟政策の再検討を指示した。アチソンは1961年3月に報告書を提出し、米国は西欧独自の核武装、西欧独自の核ミサイルの保有と管理、核抑止戦力の統制の弱体化の3点の阻止を前提にして検討しなければならないとの意見を述べた（牧野 1999：38）。

アチソン・レポートに基づいて国務省と国防総省が作成し、4月24日に国家安全保障会議（NSC: National Security Council）に提出されたNSAM No. 40では欧州の通常戦力による防衛の建設が必要であるとの報告がなされ、この問題に関するドイツからの強い要望に答えることが特に重要であると指摘された。そしてもしNATO加盟国が海の核戦力の拡大を求めたとしても（ただし1962年から1966年の核不拡散準備の完結後）、核ミサイルの国家単位の所有および管理は認めないこと、核戦力の中央集権的指揮権と管理能力を弱体化させないこと、核不拡散計画を妨げないことが挙げられた[49]。加えて国防長官マクナマラもアイゼンハワー時代の安全保障政策の見直しをおこない、核兵器以外の軍事力の重要性を強調して柔軟反応戦略を支持した（Nash 1994）。しかしながら、それと同時にブーウィ案の核の共有に対する否定的見解も記述された。死活的問題として挙げられたのはやはり核兵器の管理権の問題であった。特に欧州諸国がNATO理事会の全会一致原則に従って獲得することになる拒否権（veto）が問題視された。米国にとって最も重要なことは、米国以外の国家の核兵器使用の権限を、拒否権を持った米国の管理下に置くこととされた。また、全会一致原則では緊急時における迅速な意思決定が困難になるため

---

49) NSAM No. 40, April 24, 1961: 6-10.

核抑止の信憑性が低下してしまう恐れもあった。たった1か国の反対によって核の使用が妨げられてしまうということ（拒否権の行使）は、核抑止の効果を決定的に弱めてしまう可能性もあることを米国は懸念したのである（Solomon 1999: 23-24）。

　ケネディはMLFの継続を決めたが、核の管理権の問題を慎重に扱った。ラスクも、西ドイツが核の管理権を持つことになれば米国議会とソ連を憤激させることになると理解しており、米国が拒否権を断念することには徹底的に反対であった（Nuenlist 2008: 269）。ケネディは5月のオタワでの演説で「NATOの核不拡散の目的が達成されれば、同盟国が必要かつ実行可能な方法を見つけたとき、その所有権と管理権に関して真に多角的な海上戦力の創設を米国は実行する」と告知するなど、MLFは核不拡散政策と関連付けられるようになっていった（Solomon 1999: 20-21）[50]。核不拡散を実現するために、西欧諸国、特に西ドイツが独自の核兵器を開発してしまうことを懸念していた米国にとっては、それを阻止するためにも西ドイツを納得させられるNATOの防衛計画が必要であった。このケネディの発言は国務省に積極的な活動を促すことになり、ボール国務次官（George W. Ball）をはじめ、アイゼンハワー時代にブーウィの報告書の作成にも携わった官僚たちがオタワの公約を基本とした報告書の作成に取り掛かった。そのときは、欧州の安全保障と将来起こりうる西ドイツの核兵器の国家所有の要求を防ぐための最も効果的な手段として、欧州の軍事力の強化と欧州の統合が擁護された。1962年4、5月に提出された報告書ではNATOの多角的核戦力の適切な規模が提案され、MLFに十分に同盟国を参加させることで米独同盟が軽薄なごまかしにならず、全てのコストを均等に分け合うことになるとされた。

　この報告書は、それまでのNATO核戦力の政策決定における合意とは異なる特徴を持っていた。第1に、核兵器の所有権の共有に加えて核弾頭の管理まで同盟国に提供すること。第2に、所有権の範囲が核の運搬手段にまで拡大され、全会一致の同意が核攻撃に必要とされたこと。第3に、軍艦の搭乗員を

---

50) *New York Times*, 18 May 1961: 12.

多国籍とすることで、どの参加国にも緊急時における軍艦の指揮が一国家の管理下に置かれることはないと保証したことである。この報告書からケネディはNATO加盟国の安全保障問題におけるMLFの意義を認めた。もしケネディが報告書に全て従ったならば、核の所有権および管理権をNATO加盟国、特に西ドイツに与えうることも可能性としては存在したのである。米国海軍も、リケッツ海軍中将（Claude V. Ricketts）が指揮した調査報告によって、MLF実現は技術的に可能であると6月15日に結論付けたこともあり、NATO加盟国でもMLFを議題とした議論がなされるようになり、1962年の夏からMLF構想は本格的に推進されていった（Priest: 2005: 766-767; Solomon 1999: 25-27）[51]。

だがケネディの理念および国防長官マクナマラの方針からすれば、やはり西欧諸国に核の管理権を与えることは難しかった。国務省から報告書が提出されたのと同時期の5月4日から6日にかけてアテネで開催されたNATO理事会外相・国防相会議において、マクナマラは核戦争および通常戦争における同盟国の役割について演説した。始めから全面核戦争が起きるのではなく、段階的に規模が拡大するものであることから、通常戦争を抑止する通常戦力の役割を再評価し、それまでの核抑止だけに依存した安全保障体制ではなく、西欧諸国が通常戦力を充実させることがソ連の侵略を抑止することにつながると指摘した。そして、緊急時において迅速に下さなければならない核攻撃を下す責任を米国が共有する準備はできており、核の優位と統制された責任の下での戦略を組み合わせることで、その責任を果たさなければならない事態において被害を最小限に抑えることができると述べたのである。マクナマラの意図は柔軟反応戦略を採用するために必要な通常戦力の拡充と英仏の欧州核戦力を米国の統制下におくことであった[52]。しかしながらアデナウアーの理解では柔軟反応戦略は大量報復戦略よりも誤認や誤用を生じやすい戦略であり、どちらも西欧の核抑止の信憑性を低下させるものであった。そのため、ケネディ政権になって

---

51) NSAM No. 145, April 18, 1962; Paper Prepared by the Departments of State and Defence, Washington, March 22, 1962. In *FRUS 1961-1963*, Vol. XIII: 384-387.

52) Address by Secretary of Defense McNamara at the Ministerial Meeting of the North Atlantic Council, Athens, May 5, 1962. In *FRUS 1961-1963*, Vol. VIII: 275-278.

から、より強固に核の管理権を取得できるNATO核戦力の構築を目指すことになった（Schwabe 2004）。

この会議における共同声明には、核管理に関してひとつだけ西欧諸国にも有益な方針が含まれた。「……すべての加盟国は核防衛政策の協議に国ごとの最大限の役割を担うことになる。そしてそれは、すべての加盟国にNATO防衛における核兵器の役割に関する情報を交換し合うことを認める特別な手続きを設定することによって定められるだろう[53]」とされたのである。これは核兵器の使用に関する管理権ではないものの、より大きな戦略枠組みであるNATOの核政策の決定に各加盟国が携わることができるようにするということであり、西ドイツの核問題に新たな可能性を提示した。この声明は後に重要な役割を果たすことになった（Priest 2007: 151-152）。

シュトラウスはアテネでの会議後にマクナマラとニッツェに核戦略の詳細を問いただしたが、反対に西ドイツの核兵器への過度の依存と通常戦力の不足を非難され、核戦略の詳細を知ることはできなかった。シュトラウスとアデナウアーは西ドイツが核の管理権を持つことができるNATO統合核戦力の実現を目指して外交をおこなった際に、バンディ国家安全保障担当特別補佐官（McGeorge Bundy, National Security Advisor to President）が核の管理権を条件付きで与える考えを示したものの、ケネディ政権は西ドイツが望むような提案はしなかった。このような米独間の意見の相違が解決されていないときに勃発したのがキューバ危機である。核実験禁止条約に向けた動きが本格化した矢先に、米ソが最も核戦争に近づいた事件であるキューバ危機が起こった。核拡散問題における利害が一致したとはいえ10年以上続いた軍事対立が即座に解消したわけではなく、トルコのミサイル基地の問題など核対立の要因は残っていたように、この時点の米ソは様々な要因から協調的にも対立的にもなりうる複雑な関係であったことがうかがえる（Criss 1997; アリソン 1977）。しかしな

---

[53] Final Communiqué of the Ministerial Meeting of the North Atlantic Council, Athens, 4th-6th May 1962. *NATO On-line Library*. http://www.nato.int/docu/comm/49-95/c620504a.htm [accessed 2019/06/05].

がら、軍事衝突が回避されたことで、結果としてキューバ危機は米ソが核拡散防止に向けて協力することを後押しした。核実験禁止条約の交渉はキューバ危機の解決後にさらに推進されていった。この経験も米国を軍備管理と対ソ協調の側に大きく傾かせることになり、安全保障政策をめぐる西ドイツとの間の相違はより顕著になっていった（Mastny 2008: 5-9 ; 牧野 2000 : 59-63）。

　米国は 1962 年 12 月に英国とナッソー協定（Nassau Agreement）を締結した。英国は米国が開発した SLBM のポラリス・ミサイル A-3 供与によって英軍の核装備を現代化させることの見返りに、その核戦力を国家存亡の危機を除いて NATO の指揮下に置くことに同意した。これは欧州の核戦力を完全に統合するための一環であり、米国はこの核統合を NATO 加盟国と米国との多角的な軍事統合への移行への第一歩と捉えた[54]。欧州の国家単位の核戦力を全て米国の指揮下に統合しようとしたケネディ政権の方針を明確に示した協定といえた。当然ながら米国による核の一元的支配は西ドイツの望む安全保障体制ではなく、この点にも米独間の相違が現れていた。

　核戦力に関する米独間の見解の相違が顕著になりつつあったこの時期に、ケネディ政権は中国の核開発問題を深刻な問題として捉えたのである。西ドイツの安全保障問題と核武装問題が難航していた時期に核拡散問題が現実的なものになったことは、米国の欧州安全保障政策に影響を与えることになった。前述したように、ソ連が中国の核開発支援を止めて核不拡散を提唱していたことで、米ソの協力関係は徐々に構築されていった。

（2） 米国の対中評価の変化

　ケネディ政権になるまでは、米国は中国の核開発を危険視していなかった。1958 年の時点では、米国は中国の核開発能力に高い評価を与えておらず、中

54）　もうひとつの核保有国フランスの大統領ド・ゴールはナッソー協定を米国による西欧の支配とみなして警戒し、1963 年 1 月 14 日の記者会見で MLF を「米国の覇権の企て」を非難した。ド・ゴールは英国に対しても EEC 加盟を拒否するなど、欧州の核政策をめぐって対立を続けた（Giauque 2000）。

国を PTBT に加盟させることにそれほどの意義を見いださなかった[55]。そのため、このソ連からのシグナルにすぐに答えることはなかった。米国は、1958年から1959年の間は西側同盟国の信頼と軍事的劣勢の回復を優先課題とした。MLF はその政策の中で提案された。

だが、ケネディ政権になって、米ソ間で軍備管理関連の議論がより多くおこなわれるようになると中国に対する関心は徐々に高まった。特に CIA および JCS から中国の核開発に注意を促す報告書が複数回提出されたこともあり[56]、1961 年 6 月の米ソ首脳会談開催の頃には米国の重要な問題のひとつとして認知されていた[57]。

1961 年 6 月にウィーンでおこなわれた米ソ首脳会談では、核不拡散条約を議題に上げるケネディと包括的な軍縮の一環として核実験禁止を重要視するフルシチョフの意見が一致せず、核不拡散交渉は進展しなかったが、ソ連が中国を不安視するようになっていること、それに伴って軍備管理の国際的推進に利害関係を持つことが米国にも伝わった。ケネディは、まだソ連が協力関係の相手を中国から米国に移す準備ができていなかったと気づいたという（Chang 1990: 231-232）。

しかしながら、1958 年のジュネーヴ会議から西側陣営が常に主張してきた核実験の管理査察制度はソ連にとって容認できないものであった。ソ連は修正案として、査察官は東西両陣営および中立国からの代表計 3 人にするべきと主

---

55) 1958 年 7 月の時点では中国の核開発能力に対する評価は東ドイツやチェコスロヴァキアよりも低かった。核弾頭の搭載可能なミサイルの開発に関しても、1968 年までに独力で開発することはないとみなしていた。NIE 100-2-58, July 1, 1958: 7, 9.

56) Memorandum from Lt. General John K. Gerhart, Deputy Chief of Staff, Plans & Programs, U.S. Air Force, to Air Force Chief of Staff Thomas White, "Long-Range Threat of Communist China," February 8, 1961; Memorandum from the Joint Chiefs of Staff to Secretary of Defense McNamara, Washington, June 26, 1961. In FRUS 1961-1963, Vol. XXII: 84-85; NIE 1-61, January 17, 1961. In FRUS 1961-1963, Vol. VIII: 8; NIE 13-2-60, April 12, 1961.

57) Burr and Richelson 2000/01: 60-63; Chang 1990: 229-230; Nash 1999: 123-124; Wenger and Gerber 1999: 461-462.

張し、西側がこの案を容れない限り、軍縮交渉の一環として核実験禁止問題を扱うべきであるとした。このソ連の提案は、西側にとっては認めがたいものであり、この時点では核不拡散体制の構造をめぐる米ソ間の溝は完全には埋まらなかった[58]。

米国の対中政策が決定的に変わる契機となったのは、1962年7月26日から8月1日に開催された閣僚会議であった。30日に国防副長官ニッツェ（Paul Nitze）が提出した報告書には、適切な内容の核実験条約が存在しない場合の核拡散に関する結論が書かれていた。そこには中国および他の諸国が今すぐにでも核保有するとの内容が示されており、ニッツェは核拡散を防ぐためには米ソの協調が必要であると述べた。米国はその直後の1962年8月27日のジュネーヴ軍縮会議でPTBTの草稿をソ連に提出したのである（Seaborg 1981: Ch. 13）。前述したように中国の核施設の建設は1962年5月に再開していたので、米国の諜報部はこの活発化した建設活動を知って報告したものと思われる。

ジュネーヴ軍縮会議において、米国は英国と共同で核実験禁止に関する条約案を2つ提出したが、その同日に軍備管理・軍縮庁の高官は記者団に対して「共産主義中国の核兵器への努力が、米国がジュネーヴ軍縮会議に提出した新しい核実験禁止条約にソ連が署名することを希望する理由のひとつである」と述べ、中国の核開発に対する懸念を明確に表明した[59]。バンディも中国が核保有国となれば数年のうちに国際情勢を悪化させる最大の脅威のひとつになりうると考えた。ケネディもそれに同意し、中国の核開発が核実験禁止条約を結ぶ理由であると述べた（Chang 1990: 236-237; Gavin 2004/05: 104）[60]。

だが、北京政府が核実験禁止条約に調印する意思を見せない限り、条約その

---

58) Memorandum of Conversation, Vienna, June 4, 1961, 10:15 a.m. *In FRUS* 1961-1963, Vol. VII: 86-91.

59) *Washington Post*, August 28, 1962: A7.

60) Memorandum from the President's Special Assistant for National Security Affairs (Bundy) to President Kennedy, Washington, November 8, 1962. *In FRUS 1961-1963*, Vol. VII: 597-598.

ものが中国の核開発に影響を及ぼすことはできない。その点に関して、ラスクは1963年3月11日の上院外交委員会の公聴会で「中国が条約に署名する可能性は低いが、米英ソが署名すれば、中国が核実験を実施した場合、米英ソがそれを安全保障に影響を与えるものと判断して条約を破棄することにもつながりうるため、その不安が中国の核開発の推進に対する圧力となる」と主張した[61]。

さらに、フォスター軍備管理・軍縮庁長官（William Foster, Director of the Arms Control and Disarmament Agency）は、1963年5月7日の上院軍事委員会小委員会の公聴会において「それではなぜ、条約が中国に何らかの影響を与えると考えるのであろうか。我々の見解は中国による核兵器の保有についての一貫したソ連の態度に基づいている。ソ連の政策は中国の核開発を阻止することにあった。……その理由は明白である。中国の核能力は、共産主義世界における、ソ連の指導力に対して現実の脅威となるであろうし、また、ソ連を米国との好まざる核戦争に巻き込む危険性を有する。したがって、ソ連の共産主義社会における権力とその安全保障に対する脅威を阻止するために、ソ連が中国における実験を阻止せんとすることを、我々は期待するものである。過去においては、ソ連自身の核開発のために、また、米国が核開発を継続しているため、中国の核開発への反対を制限されてきた。しかし、条約が成立すれば、この制限は撤去される。そのときソ連は、中国が核実験をしないように、より強力な経済的、政治的圧力さえかけうる。さらに、現在共産主義中国と貿易をおこなっているものの、実験の継続に反対している他の諸国は、もし中国が抵抗するならば、さまざまな経済的措置をとることに十分同意するであろう。かかる圧力の組み合わせが十分であるか否かについては確信を持ちえない」（宮本1989：727）と述べている。

これらの発言から、米国政府は、核実験禁止条約そのものではなくそれを通して発動できる政治的、経済的制裁および国際世論の力に期待したといえる。そしてフォスターの発言からは、ソ連が多くの役割を担ってくれることを期待

---

61) *Test Ban Negotiations and Disarmament: Hearing before the Committee on Foreign Relations United States Senate*, 88th Congress 1st Session, March 11, 1963. Printed for the Use of the Committee on Foreign Relations: 20.

していることは明らかであった（宮本 1989：726-730）。したがって、米国は、ソ連に中国の核開発を阻止してもらうためにも核不拡散の実現に向けた強固な協力関係を築く必要に迫られた。核不拡散についてソ連から発せられる懸念とは当然のことながら西ドイツの核武装問題であり、MLF 構想の問題である。

ケネディにとっても、中国の核開発を防ぎうる効果を持つことが核実験禁止条約を締結する本質的な理由であった[62]。ソ連が核拡散問題を西ドイツ核問題という自国の安全保障から捉えたのと対照的に、米国は中国核問題を核拡散という国際問題として捉えたといえるだろう。そして、核拡散問題で最も注目を集めた西ドイツの安全保障問題を核武装問題と絡めてどのように解決するのかが、米国の最優先課題となったのである。中国の核開発に対する分析や政府要人の発言において、台湾や日本の安全保障問題といった東アジアの同盟国への脅威を懸念したような形跡は見られず、懸念したのは中国に対抗して核開発を実行する国家の可能性に対してであった[63]。

1963年2月にハリマン無任所大使（W. Averell Harriman, Ambassador-at-Large）がケネディに書簡を送り、西ドイツの核武装の可能性に対するソ連の反感について言及し、米ソ双方が西ドイツと中国の問題を理解することを促した。ハリマンがソ連外交官たちとの会話でそれとなくほのめかしたとき、ハリマンには、彼らは核実験禁止条約締結の効果を中国に反映させることができると信じているように見えたという。もし米ソが合意に達すれば、米ソはともに中国の核開発を強制的に、必要とあれば核施設を排除すると威嚇することで断念させられるだろうとも述べた。また、同じく2月にニッツェが統合参謀本部に、中国に核実験禁止条約に署名させるため使える見込みのある説得、圧力、強制力の利用法に関する研究を依頼した。4月29日の報告では直接的、間接的な手段がいくつか提案されたが、それらの手段は

---

[62] 1963年1月23日および2月1日のホワイトハウスでの会議における発言（Seaborg 1981: 181, 188）。

[63] NIE 4-63, 28 June 1963: 2. 核開発を誘発する観点からインドと日本への圧力が懸念されたが、重大な安全保障問題を抱えることになる同盟国台湾への圧力などは懸念されていない。

一方的か、同盟国によってか、もしくはソ連の自発的もしくは暗黙のうちの支援を伴って実行されうると述べられた（Burr and Richelson 2000/01: 67-68）。

7月下旬に入るとハリマンはソ連首脳と連日対談する機会を持ち、条約からの脱退条項および実験を禁止する場所などに関する話し合いの場を持ったが、ワシントンへの報告の中には、ソ連は米ソが核実験禁止条約を締結することで条約に反対する中国を孤立させ、国際世論による中国への圧力を強めることを狙っているとの報告があった[64]。核拡散の防止と冷戦を有利に進めるためには、東側陣営に内紛を続けさせた方が米国にとって都合がよいことは明らかであり、核不拡散政策でソ連と協力することは、米国にとって大きな意義を持つことになったのである。

このようにして、MLFの議論の本格化と同時期の1962年夏頃から米国政権内において中国の核開発への懸念が急速に広まり、核不拡散の分野でソ連との協力関係が重要視され始めた。それがベルリン危機とキューバ危機の経験と合わさって、米ソ首脳を核実験禁止条約と核不拡散条約の協力的な議論に向けて動かしたのである。条約の争点は核施設の査察制度にあった。機密事項の漏洩を懸念するソ連と正確な査察を求める米英の間で査察官の人数や年間の査察回数をめぐった交渉が1962年から続けられ、それが停滞した時期にキューバ危機が起きたことで米ソともに積極的に交渉を進めることになった。その結果、1963年8月5日にPTBTが米英ソ3か国で調印されたのである。長年にわたって議論されてきた核実験禁止条約を締結できたことで、核拡散問題における米ソ間の協力関係はよりいっそう緊密さを増すことが可能となった。

---

64) Telegram from the Embassy in the Soviet Union to the Department of State, Moscow, 18 July 1963, 5 p.m. In *FRUS 1961-1963*, Vol. VII: 808-809; Telegram from the Embassy in the Soviet Union to the Department of State, Moscow, 18 July 1963, 9:29 p.m. In *FRUS 1961-1963*, Vol. VII: 809-813; Telegram from the Embassy in the Soviet Union to the Department of State, Moscow, 19 July 1963, 8 p.m. In *FRUS 1961-1963*, Vol. VII: 813-815; Telegram from the Embassy in the Soviet Union to the Department of State, Moscow, 20 July 1963, 4 p.m. In *FRUS 1961-1963*, Vol. VII: 816-818.

しかしながら、米ソの協力を維持するためには、ハリマンが主張したように、ソ連の懸念に対処する必要があった。ケネディは1963年4月11日付のフルシチョフ宛の書簡で、MLFは核拡散を促進するものではなく核拡散を阻止するものであると強調し、MLFの構想は独立した国家単位の核戦力とは異なるものであり、西欧からのMLFへの反対はまさに独立した核戦力の拡大を好む国家から来ているものであると主張して、MLFは核不拡散に貢献しうるものであることを訴えた[65]。それだけでソ連のMLFへの見解が変わることはなく、西ドイツの核武装につながりうる政策を認める意思はないままだった。約1年後のドブルイニン駐米ソ連大使とテイラー国務次官補の対談でも同様の趣旨の会話があり、この認識の違いはMLF破棄まで解消されなかった[66]。

フルシチョフは国務次官になったばかりのハリマンとの4月26日の対談で、「ソ連は欧州の正常化を望む。米国はアデナウアーの影響から逃れるべきである。社会主義国陣営はベルリンの壁構築によって、壁を作らないで結んだ和平条約によって得られるもの以上のものを得た。ベルリンはもはやどのような混乱の原因にもならない」と述べた。ハリマンが、ベルリンの情勢に満足しているのに核実験禁止条約に同意しない理由を尋ねると、フルシチョフは査察がスパイ活動になることの懸念を主張した。また、ハリマンはフルシチョフがドイツへの核拡散の懸念を表明していたことを指摘してなぜ中国の核開発への懸念を示さないのかを尋ねたが、フルシチョフはその問題は中国と議論すべきだと答えた。ドイツは敗戦国であるからこそ戦勝国である米ソで議論できるが、中国はソ連の同盟国であり、ドイツと同等に扱うことはできないとして、ここでは積極的な協力姿勢を見せなかった[67]。

---

65) Message from President Kennedy to Chairman Khrushchev, Washington, April 11, 1963. In *FRUS 1961-1963*, Vol. VII: 670-671.

66) Memorandum of Conversation, Washington, April 29, 1964. *FRUS 1964-1968*, Vol. XIII: 43-44.

67) Memorandum of Conversation, Moscow, April 26, 1963, 3 p.m. In *FRUS 1961-1963*, Vol. XV: 510-511.

このような発言は、MLF をめぐる意見の相違と合わせて考えれば、西ドイツ核武装問題を解決に導くための駆け引きであった可能性が高いだろう。西ドイツ問題の解決に加えて、中国の核開発を阻止するためのコストまで米国に負担させることができれば、ソ連としては最も効果的な交渉結果を得ることができるからである。1961 年のウィーン首脳会談においても、東ドイツの承認を求めるフルシチョフは「核実験禁止の交渉など無益である」（Schrafstetter and Twigge 2004: 114）と発言するなどケネディに対して強硬な態度で挑み、米国側を失望させたが、その後も核実験禁止条約の交渉には積極的であった。事実、このハリマンとの対談後も PTBT 調印に向けた交渉は進展している。米国は、中国の核実験が間近に迫っているこの時期に、ソ連も新たな核保有国の出現を望んでいないと判断していた。だが、ソ連がいまだに西ドイツの核武装を懸念していることから、この問題に対処しなければならなかった。この時期における米国の核問題に関する懸念は核拡散に集中していたからである[68]。そのため、仮に中国が核保有国になることを防げなくても、さらなる核拡散を防ぐためにはソ連との協調を維持することが重要だという認識が必然的に強まることになり、西ドイツ核問題における態度にもその認識が表れていた（Wenger and Gerber 1999: 472-477）[69]。

このような経緯から、PTBT 締結目前の時期になると、核不拡散における米ソ間の協力を求める主体と客体が転換しつつあった。最初は、主に、西ドイツの核武装を阻止したいソ連が中国の核開発問題を利用して接触を図ってきたが、PTBT 締結前後には、核不拡散を実現したい米国がソ連との協力を望んだ。そしてそのために、ソ連が受け入れられるかたちでの西ドイツ核武装問題の解決を目指すようになったのである。

---

[68] NIE 4-63, 28 June 1963.
[69] ケネディは 1963 年 7 月 8 日のメンジーズ豪首相との対談で、中ソ対立こそが鍵であり、モスクワの交渉は中ソ対立の発展に強く依存すると述べた。Summary Record of the 515th Meeting of the National Security Council, Washington, July 9, 1963, 6:25-6:55 p.m. In *FRUS 1961-1963*, Vol. VII: f7.

モスクワでPTBTが調印された直後の8月9日のフルシチョフとラスクの対談では、「我々は、東西ドイツは独自の核兵器を所有すべきではないというソ連と同じ見解に同意した。……我々は西ドイツが、独力であっても他国を通してでも、核兵器を装備するという事態になることを望まない」と意見の一致を見るなど、核不拡散と西ドイツ核武装問題における米ソの協力体制は成立しつつあった[70]。

ハリマンとフルシチョフの会談で言及されたように、欧州の最大の争点であったベルリン問題が一応の解決を見たことは、ドイツの安全保障問題を解決しやすくした。そして、核の管理権を同盟国に与える構想を持っていた国務省の長官がこのような意見を持ったということは、MLFが実現しても西ドイツに核の管理権を与えるような制度にはならないということに決まりつつあったことを示唆していた。かつてノースタッドが提案したような、SACEURに核兵器を与えてNATOを米国から独立した核戦力とするような構想はすでに米国内で支持されなくなっていた。国際条約の締結が現実的になった時期になると、どのような核戦力を構築するにしても、米国が一元的に統制する構造にすることが構想の前提となっていたからである。

（3）西ドイツ核武装問題の解決

一方、PTBTに対する西ドイツの態度はどうだったのか。ケネディ政権は1963年に入ってPTBTを調印する準備が整うと、西ドイツに対してPTBTの調印を要請した。だが、MLFの議論が停滞している中での要請は、西ドイツにとっては好ましくないものであった。

西ドイツはPTBTに強い不満を覚えた。それは安全保障に関することではなく、PTBTへの加盟を求める国家の項目の中に東ドイツが入っていたことと、米ソが西ドイツの頭越しに物事を決定したことである。クローネ無任所大臣（Heinrich Krone, Bundesminister für besondere Aufgaben）をは

---

[70] Memorandum of Conversation, Pitsunda, August 9, 1963, 10:15 a.m. In *FRUS 1961-1963*, Vol. XV. 566-567.

じめとして PTBT に署名することが東ドイツの承認に結びついてしまうことを懸念した者は多く、その不安が署名を躊躇させた。さらに非核保有国を除外して核保有国だけで条約内容を決定したことは、西ドイツに不満を抱かせた（Schrafstetter 2004: 131-133）。ドイツ統一問題と東ドイツ承認問題は表裏一体であり、1962 年のベルリン危機から米独関係には東ドイツをめぐる意見対立が生じていたからである。ケネディとラスクの説得によって西ドイツは 1963 年 8 月 19 日に条約に署名したが、ボンの外務局は、この署名は東ドイツを承認するものでは決してないとの声明を発した。アデナウアー政権は米英の態度にひどく疑いを持つことになり、それが NATO との乖離を強めるフランスとのエリゼ条約締結の理由のひとつとなった。クローネは、西ドイツが米国の対ソ緊張緩和の犠牲となっていると結論付け、将来の米国からの要求に抵抗するための保険として、フランスとの関係を活発化させる必要があると主張した。米仏が対立する中で西ドイツが NATO と独仏関係のどちらを重視するかは、欧州の核問題において非常に重要な問題であり、政府内でも立場が分かれる難問だった（Giauque 2000; Granieri 2003: Ch. 4; Solomon 1999: 41-47; 川嶋 2000a, 2000b）。保守派の重鎮としてこの状況に強い憤りを覚えていたシュトラウスは、米英とソ連が欧州大陸の頭越しに条約を締結したことはヤルタ会談の継続だと CDU で訴えた。

　だが、この頃になると西独政府内にも国際情勢の変化に伴う意見の相違も現れ始めていた。与党内部では、必ずしも保守派の強硬路線は受け入れられなくなっていたのである。外務大臣シュレーダー（Gerhard Schröder）は 9 月に訪米した際に、西ドイツは NATO にコミットすることをラスクとバンディに保証して、フランスと米国の間で揺れ動いたりすることがないようにすることを約束した。シュレーダーとケネディ政権との間に信頼関係ができたことで、これまでのアデナウアー主導の外交政策に変化の兆しが現れるようになった。強硬派のシュトラウスはシュピーゲル事件によってすでに国防大臣辞任に追い込まれており、外交政策における影響力を失っていた。アデナウアーも自らの外交政策が通用しなくなりつつあることを自覚していた形跡があり、核抑止に大きな価値を置く保守派の政治家が徐々に西独政治の中枢から離れつつあった

(Craig 1994: 219-221; Granieri 2003: 179-183)[71]。

　ベルリン問題の解決、米ソ間の緊張緩和によって欧州で軍事紛争が起こる可能性が低下した状況を考えれば、核兵器が必ずしも西ドイツの役に立つかどうかは分からない。そのような状況下において西ドイツの外交方針にも変化が現れたことは、欧州の核問題の解決に良い影響を及ぼすことになった。欧州大陸国家による安全保障を重視して独仏関係の緊密化と欧州独自の核抑止を目指したアデナウアーとシュトラウスとは異なり米国との関係を重視するシュレーダー、シュトラウスの後任フォン・ハッセル（Kai-Uwe von Hassel）らが政権の中枢を占めたことで、米独関係が円滑に進みやすくなったからである。彼らは10月17日に成立した対米重視のエアハルト政権でも引き続き要職を担当し、西ドイツをNATO中心の安全保障の枠内に留め置いた[72]。

　核不拡散の実現のために米ソ間で協力関係を結ぶ必要が生じてからも、MLF構想は着実に準備が進められた。MLFは米国にとって核不拡散政策であったからであり、またPTBTをめぐって関係が悪化した西ドイツがフランス寄りになることを防ぐためであった。

　10月11日に設立されたMLFワーキング・グループ（Multilateral Force Working Groups）がパリで初の会合を開き、新たな核の所有権と核の使用に関する政治的協定まで含めた国家間合意に達することを目指して、MLFの具体的な戦力や国家ごとの役割などを議論した。米国では、ケネディ政権になってから軍艦による海上戦力をMLFの核戦力とする案が浮上していたが、ワーキング・グループは正式に戦略原潜を除外して、MLFの戦力を8発のポラリス弾道ミサイルを搭載したミサイル艦25隻によって構成し、地中海と大西洋に1つずつ基地を建設することを決定した。この会合によって、多くのMLF

---

71) シュトラウスは、1962年にフランスに対して核兵器の提供と引き換えに、自分がアデナウアーの後任になった際には速やかにNATOからフランスとの密接な協力体制に転換することを申し出るなど、米国との関係以上に核兵器の獲得を重要視していた。もしシュトラウスがシュピーゲル事件で辞任しなければ、米独関係をさらに難しくした可能性もある（Bange 2007: 164）。

72) 西独政府内における外交方針の主導権争いは、Granieri（2003), Ch. 5を参照。

の制度が決定されたものの、もっとも困難な問題は、やはり核の管理権にかかわる制度の取り決めであった。核攻撃の決定をNATO理事会の多数決制にしながらも米国に拒否権という特権を認めるかどうかであり、西ドイツはどの国家であっても拒否権を持つことに反対した。ワーキング・グループは、投票制度の問題を最後まで完全に解決することができなかった。他にも、核ミサイルの発射手順などが決められた。多角的、多国籍なMLFの軍隊は複雑な構成のため、ミサイルを発射するまでの手順には政治的な手続きと軍事的な手続きの2つが必要となったからである。10月18日にはワシントンで軍事小委員会が初めて開かれた。ワーキング・グループから与えられた小委員会の課題はMLFの軍事力の運用条件、軍隊構成員、軍事訓練、艦隊の指揮系統など、現実に軍事力を構成するために不可欠な詳細部分を検討することにあった。1964年1月に軍事小委員会が提出した最終報告書では、現行のMLF計画は予想できる全ての状況下において存立可能で、軍事的効果があり、そして信頼性のあるものと結論づけた。さらに小委員会では、ケネディが積極的に推進した多国籍部隊（mixed manning）に関する検討もおこなった。10月25日の報告書では、効果を立証するためのデモンストレーションとしてミサイル駆逐艦で多国籍部隊を18か月間実践することを推奨した。小委員会としては、それによって多国籍軍艦の複雑かつ難しい問題が示されることを期待したのである（Solomon 1999: 71-78）。

　軍事小委員会が検討を続けていた最中の1963年11月22日にケネディが暗殺され、ジョンソンが大統領に昇格した。ジョンソンは12月にラスクとボールからMLFの詳細な説明を受け、その現状を知らされた。1964年1月にジョンソン政権はアイゼンハワーの助言も受けて、デモンストレーションの軍艦のための最終協定を作成した。その駆逐艦は米国の指揮下に置かれ、人員の40％が米国人で構成されること、その他はMLF参加国から搭乗員を得ることとした。だが、ここで新たな問題が発生した。7月1日に予定されたデモンストレーション開始を前にして人員不足となったため、その解決がワーキング・グループの新たな課題となったのである。その要請に応えることは優秀な人材を流出させることになるため、米国を含めて、どの国家の軍隊にとっても大き

な負担となることは明らかであった。欧州の中心国であった英国や西ドイツにとってもそれは同様であり、人材確保という基本的問題を解決することは難しかった。

1964年2月には、英国首相ダグラス＝ヒューム（Alec Douglas-Home）がジョンソンと会談し、英国がいまだMLFへの参加に関して結論を下していないことを打ち明けた。さらに、議会の承認を得るために10月の選挙が終わるまでMLFの議論を進めないでほしいと要請し、ジョンソンはそれを受け入れた。米国でも議会の承認を得ることは難しい課題であった。4月10日のホワイトハウスでの会議において、ボールとフィンレターNATO大使（Thomas Finletter, U.S. Permanent Representative to NATO）からMLFを強く支援するように求められたのに対して、ジョンソンは国務省に年内にMLFの条約締結を完遂するための自由裁量権を与えたが、同席したフォスターはソ連のMLFへの否定的見解に言及し、MLFは将来の軍縮と核不拡散を停滞させると警告した[73]。この時期にMLFに積極的だったのは西ドイツのみであり、英国やイタリアなど他の西欧諸国はMLFに対して消極的であった。一時は米独間の2か国でMLF条約を結ぶことも考えられたが、結局、議論は進展しなかった（Solomon 1999: 78-91）[74]。

このように、MLFの具体的な内容が明らかになるとともに、NATO加盟国間の意見の相違が明確に表れるようになった。西ドイツはMLFを強く支持していたが、それでも米国の拒否権の問題が解決できなければMLFに完全に合意できるかどうか分からず、英国が提案したANF構想（Atlantic Nuclear Force）もMLFを否定するものであった[75]。イタリアも米国以外の国家に与えられるMLFの指揮権を懸念していたし、フランスは統合核戦力そのものに反対であった。1964年12月になっても西欧主要国からの支持が得られないま

---

73) Memorandum of Discussion, Washington, April 10, 1964, In *FRUS 1964-1968*, Vol. XIII: 35-37.

74) Telegram from the Embassy in Germany to the Department of State, April 16, 1964, 6 a.m. In *FRUS 1964-1968*, Vol. XIII: 37-39.

75) ANFに関しては、Schrafstetter and Twigge（2000）, Young（2003）を参照。

まであり、米国だけで MLF 構想を推進するのも限界に近づいていた（Priest 2007: 149-151）。

その結果、12 月 17 日にジョンソンが国務長官と国防長官に送った NSAM No. 322 において、ジョンソンは西欧諸国に対して、どのような内容の統合核戦力構想に関するものであっても、性急な交渉をおこなわないように指示したのである。ただし、ジョンソンは MLF の価値を喪失したわけではなく、NSAM No. 322 では、統合核戦力に関する合意形成は米国の核不拡散の基礎政策を強めうることと、西ドイツ固有の核開発の危険性を大きく減少させうるとの判断も示して、統合核戦力の有用性も認めた[76]。

MLF 計画の停滞は、議会からの承認を得る準備をしていた西独政府を失望させた。エアハルト首相（Ludwig Erhard）は NATO 統合核戦力案をドイツ統一問題と関連させて考えていたこともあって警戒し、駐ソ大使グレーパー（Horst Gröpper）も統合核戦力と核兵器の獲得を断念すれば、ドイツ問題においてソ連への譲歩という対価を支払うことになると警告した（Solomon 1999: 112）。解決するかに思われた西ドイツ核武装問題が、再び暗礁に乗り上げたのである。

そこでマクナマラは、1965 年 5 月 31 日から 6 月 1 日にパリで開かれた NATO 理事会外相・国防相会議において、NATO 内に核戦略と核計画のための特別委員会を創設するという新たな代替案を示した。かつてアテネで演説した際の提案が、ここにきて現実的なものになったのである。当然ながら MLF を推進してきた国務省はマクナマラの考えに反対した。西ドイツでもこの案は好意的には受け取られなかった。9 月に首相に再任したエアハルトにとっても MLF の確実な代替案となるか不明確だったため、エアハルトは 11 月 10 日の連邦議会で演説し、核兵器の共有を重視する姿勢を改めて示した（Kelleher 1975: 261）。しかしながら、この NPG（Nuclear Planning Group）構想は、11 月に NATO 加盟国の国防相が集まった特別委員会で協議されるなど、MLF の代替案としての立場を強めていった。米英独に加えてカナダや他

---

76) NSAM No. 322, December 17, 1964.

の西欧諸国も参加した特別委員会は3つのワーキング・グループを形成して、それぞれがNATOの核兵器の有効性と使用の可能性、NPG構成員の協議に必要なデータの交換、緊急時におけるNPG構成員の核政策に関する意思疎通のより効率的な方法を個別に主題にして調査した。そこでも西ドイツは核兵器の指揮、運用が西欧諸国の安全保障の関心にかなうようなものにするために、NPGの協議と平行してMLFの議論も維持することにも固執した。マクナマラも、西ドイツをNATOの枠内に維持するためにも、MLFの議論を性急に排除することはなかった（Priest 2007: 151-155）。

だが、1966年初頭には米国国内でMLFの反対が多数派となり、英国も同様の意見を持ったことで、NPGはNATOに速やかに浸透した。1966年4月22日付のNSAM No. 345で、ジョンソンもNPG参加国の拡大と主なNATO加盟国の政治、軍事当局の理解を得られる提案を作るように要請した[77]。そして、7月に入ると西ドイツの姿勢が変化した。MLF構想は長期的な計画として維持するものの、「外相シュレーダーと国防相フォン・ハッセルは、核に関する決定権がSACEURだけでなくNATO理事会にも与えられるといったように、NPGが適切な意思疎通手段を持って核政策と危機管理に関与できるように形成されるならば西ドイツの要望を満足させることが可能であり、MLFを断念する意思があると思われる」とする報告が在西独米国大使館から届いたのである[78]。1966年12月に西ドイツの首相がキージンガー（Kurt Georg Kiesinger）に代わった際にCDU/CSUの一党支配が崩れ、核武装に一貫して反対してきた社会民主党（SPD）との大連立内閣が成立したことも、その傾向を表していた。

NPTがまとまりつつあった1966年10月になると、ソ連との交渉をまとめるためにも西ドイツの核問題を解決しなければならなかった。PTBT締結後、米ソは中国核問題を通して築いた核不拡散に対する協力関係を維持していた。

---

77) NSAM No. 345, April 22, 1966.
78) Telegram from the Embassy in Germany to the Department of State, Bonn, July 2, 1966, 1610Z. In *FRUS 1964-1968*, Vol. XIII: 427-430.

中国の核開発は防げなかったものの、それ以上の核拡散を防ぐために12月には核不拡散条約に署名することで合意が成り立った。その際に、ジョンソンとラスクはグロムイコに核を使用する権限を決して他国に譲渡しないことを保証した。それによってソ連は、NATOにおける西ドイツの役割が拡大することに反対しなかったのである（Priest 2007: 156; Schwartz 2003: 137-138）。こうして、MLFは、ソ連と核不拡散条約案をまとめるためにも破棄しなければならない構想となった。12月のNATO理事会においてマクナマラが「NPGは我々の同盟国、特に西ドイツの要望に適っており、西ドイツと米英をより密接に結びつけるだろう。それはMLF構想の終了になるだろう[79]」と述べたように、MLFは欧州安全保障の構想から外れることとなった。このときのNATO理事会においてNPG創設の合意が成立し、NPGが核政策に関する最高決定機関であることも定められた[80]。これによって、NPGの発足はNATOの規定路線となったのである。米国の欧州核問題はマクナマラと国防総省の主導となり、議論はハードウェア（核配備）による解決方法ではなくソフトウェア（組織改革）による解決方法に完全に移ることとなった。

　1967年初頭までにNPGの具体的な構造が定められ、米英独伊が常任構成国となり、他の加盟国のうち3か国が交代制でNPGに参加することになった（Gregory 1996: 31-32）。フランスはNATOの軍事機構から脱退していたため入っていない。そして核保有国と非核保有国のどちらもこの組織構造に満足したことで、MLFは完全に議論から削除されることになったのである。

(4) NPTの成立

　MLFと並行して、もうひとつの重要な議題であるNPTの議論も活発におこなわれていた。

---

79) Summary Notes of the 566th Meeting of the National Security Council, Washington, December 13, 1966, 12:10 p.m. In *FRUS 1964-1968*, Vol. XIII: 512.

80) Final Communiqué of the Ministerial Meeting of the North Atlantic Council, Paris, 15th-16th December 1966. *NATO On-line Library*, http://www.nato.int/docu/comm/49-95/c661215a.htm [accessed 2019/06/07].

東側陣営は西ドイツが中国に続くことを警戒し、核不拡散のためにはMLFの廃案が必要であるとの姿勢を強めていった（Nye 1988: 341–343）。中国の核実験の2日前にフルシチョフが失脚してソ連指導部が変わったが、西ドイツを核拡散問題の中心に置くソ連の姿勢は変わることはなく、核不拡散条約に関する協議がおこなわれた。ソ連以外のワルシャワ条約機構の加盟各国にとっても西ドイツの核武装を阻止することは非常に重要な課題であり、MLFを黙認するつもりはなかった。NPTを成立させるためにはMLFの撤回が前提であり、MLFを容認する内容の条約を受け入れる意思は持っていなかったし、ソ連にそのような妥協をしないように求めた[81]。また、米ソ間の緊張緩和はソ連の安全保障を弱めるとの懸念もソ連内部に存在していたが、緊張緩和による欧州の現状維持が米ソ共通の利益となることと、米国がそのために西ドイツに圧力をかけることを理由にそれを支援する者もいた。グロムイコも1967年1月に、米ソ間の緊張緩和だけがNPTを実現し、それによって西ドイツに対する防御を実現できると主張するなど、米ソ協力体制の強化に努めたのである（Bange 2007: 170）。

　国連における最初の核不拡散条約案はアイルランドが1958年に提出したが、米国が核不拡散における米ソ協力を最初に提案したのはベルリン危機の最中の1962年3月10日の文書である[82]。同月にジュネーヴで開かれていた国連の18か国軍縮委員会においても核拡散が重要な議題のひとつとされた。このときの米国はNATOの核抑止に関する影響を懸念し、ソ連は東西ドイツに限定した核不拡散条約を望んでいたが、ベルリン危機の経験を通して、米ソのNPT成立を目指す動きは促進されたといえる[83]。しかしながら、米ソにはMLFの解釈の違いという本質的に同意できない争点が存在したことから、すぐに交渉が進展したとはいえなかった。

---

81) ワルシャワ条約機構内でのNPTとMLFに関する議論は、Selvage（2001）を参照。
82) Memorandum from the Assistant Secretary of State for European Affairs (Kohler) to Secretary of State Rusk, Washington, March 10, 1962. In *FRUS 1961–1963*, Vol. XV: 6.
83) Minutes of Meeting of the National Security Council, Washington, March 28, 1962, 10:30 a.m. In *FRUS 1961–1963*, Vol. VII: 413.

前述したように、米国にとってMLFとは西ドイツが米国の影響下から離れて核武装してしまう事態を防ぐための手段であり、NPTに反する制度ではなく核不拡散を促進する制度であった。西ドイツもMLFは安全保障に不可欠とみなしており、成立を目指して米国を支援した。だが、ソ連にとってNPTとは西ドイツの核武装を阻止するための手段であり、たとえ直接の核兵器譲渡でなくても核の管理権を分与するのは核拡散であり、MLFは決して黙認できない制度であった（Solomon 1999: 41-48）。

米国がMLFを積極的に推進した1963年から1964年の間は、NPTの議論よりもMLFをめぐる争いのほうが多かったといえる。ケネディ政権の中にもMLF構想を維持する限りソ連がNPTに同意しないことを理解している者がいたが、ケネディは西ドイツの核武装を防ぐためにMLFを優先した。PTBT調印の問題で西ドイツの信頼を低下させたこともあり、MLFを一方的に破棄したりNPTをドイツの頭越しに締結したりすることは、米国としては選択できなかった。そのため、1963年から1964年にかけては米ソどちらも妥協案を提示するのが難しい状況であった（Brands 2007: 392-400; Tal 2006: 105-109）[84]。

NPTの議論が進展したのは1965年に入ってMLF構想が停滞し、マクナマラがNPG構想を発表した頃からである。1964年10月に中国が核実験を成功させたことで、ボール国務次官をはじめとするジョンソン政権の要人の間に、それがさらなる核拡散を誘発し、西ドイツの核武装を防げない事態になりうるとの懸念が生じたためである（Gavin 2004/05: 107）。中国の核開発の阻止に失敗したことで、米ソはよりいっそう核不拡散に積極的になっていた。その変化を表したのがギルパトリック委員会（Gilpatric Committee）の意見であった。いくつかの政策オプションを検討したギルパトリックの報告は、1965年以降のNPTに向けたソ連との協力実現に貢献した。中国の核保有が日本とインドの核開発を誘発しうることを例に挙げて、世界各地の核拡散防止を強

---

84) Discussion between Soviet Marshal V. V. Kuznetsov and the SED Politburo, 14 October 1963. *Wilson Center Digital Arcive*, https://digitalarchive.wilsoncenter.org/document/111609 [accessed 2019/06/07].

化すべきと述べ、さらに、MLFはソ連との協力関係の構築を妨げるとみなした。そして、更なる核拡散を防ぐためにMLFを破棄するか無期限に棚上げしなければならないと主張し、西ドイツの核武装を阻止するための代替案を調査することを提唱して、ジョンソン政権のMLF構想に疑問を提示したのである (Brands 2006: 93-101, 107-108; Gavin 2004/05: 107-112)[85]。

1966年にMLFが破棄されたことで米ソはNPT成立に向けた協力関係を築くことができ、課題は具体的な条約内容に移った。そして、米ソ独の間で最後に争点となったのがIAEAによる統制を定めた第3条の保障措置（safeguard）であった。この意見対立がNPTを西ドイツに受け入れさせるための最後の障壁であったといえる。

欧州原子力共同体（EURATOM）加盟国である西ドイツはIAEAによって民間部門の活動を厳しく統制されることに政治的、経済的事情から強く反発した。1967年2月8日にラスク国務長官とブラント副首相（Willy Brandt）が対談した際に、ブラントはNPTの理念に反対する意思がないことを強調したが、それがドイツ問題の解決に及ぼす影響への懸念を主張した。ソ連がIAEAによるEURATOMの統制を求めることには理解を示したものの、多国間の統合組織であり原子力産業機関でもあるEURATOMの活動に統制を受けるのは産業スパイを被るかもしれないという不安を表明した[86]。だが、民間産業からの軍事転用が容易である限り監視を緩めることは難しく、IAEA保障措置が非核保有国の原子力産業の自由をどこまで認めるかが争点であった[87]。

---

85) The United States, China, and the Bomb, Document 7, "As Explosive as a Nuclear Weapon": The Gilpatric Report on Nuclear Proliferation, January 1965. *National Security Archive*, http://www.gwu.edu/~nsarchiv/NSAEBB/NSAEBB1/nsaebb1.htm [accessed 2019/06/07]; Report by the Committee on Nuclear Proliferation, Washington, January 21, 1965. In *FRUS 1964-1968*, Vol. XI: 173-182.

86) Memorandum of Conversation, Washington, February 8, 1967, 11:30 a.m.-1 p.m. In *FRUS 1964-1968*, Vol. XI: 435-436.

87) Memorandum from the Director of the Arms Control and Disarmament Agency (Foster) to President Johnson, Washington, April 6, 1967. In *FRUS 1964-1968*, Vol. XI: 471-472.

米ソともに第3条の起草文を提出して議論したが意見の一致を見なかったために、5月下旬に第3条を空白のままにしてNPT起草案が国連に提出されるなど、なかなか議論は進展しなかった（Bange 2007: 175）[88]。しかしながら、9月に入るとソ連はEURATOMに対する態度を改め、妥協案を提示した。ソ連は査察の際にIAEAがEURATOMの制度を通じて査察するように取り計らうことと、EURATOM加盟国はEURATOMを通してIAEAと交渉することを認めるという姿勢を示した[89]。ソ連側の妥協によってNPTの起草案が固まり、ようやく保障措置の議論は決着したのである。

NPTが成立する目前の1968年3月に、西ドイツから米国に対して、NPTの実現はNPGの活動に影響を与えるものではないということを明確にしてほしいとの要請があった。米国は声明を発してNPTがNPGの活動をなんら妨げるものではないことを表明し、西ドイツのNPTに対する不安を除去した[90]。米国とソ連は国連でもNPTを可決するために緊密な協力関係を保った。ソ連は西ドイツが署名しないのではないかと不安を持っていたが、西ドイツの署名を心配していなかった米国は、ソ連に西ドイツ代表団を刺激しないように助言した[91]。NPTは無事に7月1日に最初の署名がおこなわれた。西ドイツが署

---

[88] Memorandum From the Acting Director of the Arms Control and Disarmament Agency (Fisher) to Secretary of State Rusk, Washington, June 24, 1967. In *FRUS 1964-1968*, Vol. XI: 487-488; Attachment 1, April 25, 1967, U.S. Draft Treaty: Article III. In *FRUS 1964-1968*, Vol. XI: 488-489; Attachment 2, May 20, 1967, Soviet Draft Treaty: Article III. In *FRUS 1964-1968*, Vol. XI: 490; Attachment 3, undated, Talking Points on Soviet Acceptance of IAEA Safeguard. In *FRUS 1964-1968*, Vol. XI: 490-492.

[89] Telegram from the Mission in Geneva to the Department of State, Geneva, September 1, 1967, 1910Z. In *FRUS 1964-1968*, Vol. XI: 505-506; Memorandum From the Acting Director of the Arms Control and Disarmament Agency (Fisher) to Secretary of State Rusk, Washington, September 5, 1967. In *FRUS 1964-1968*, Vol. XI: 508-509.

[90] Tab B: Memorandum of Conversation, Washington, March 13, 1968. In *FRUS 1964-1968*, Vol. XI: 576-577; Tab C: Proposed Statement to be Included in Presentations by Secretary Clifford at April 18-19 NPG Meeting and May NATO Defense Ministers Meeting. In *FRUS 1964-1968*, Vol. XI: 578.

[91] Memorandum of Conversation, Washington, May 17, 1968, 1-3:15 p.m. In *FRUS 1964-1968*, Vol. XI: 598-603.

名したのは1969年11月28日とやや遅れたが、1970年3月5日のNPT発効には間に合った。これによって欧州冷戦における米ソの最大の懸念であった西ドイツ核武装問題が事実上解決したのである。

しかしながら、米ソの核不拡散交渉が望ましい結果をもたらしたのはあくまでも欧州であって、東アジアには異なる結果をもたらした。米ソ協調の犠牲となった中国は核保有国となり、東アジアに新たな安全保障問題を形成したからである。中国の核実験成功によって東アジアの国際情勢は大きな影響を受け、日本、台湾、韓国、そして北朝鮮の安全保障政策に様々な影響を及ぼし、西ドイツ核武装問題のために中国に負担させたコストの対価は東アジアで支払われることになった。

第 IV 章

欧州核問題の解決と東アジア核問題の複雑化

　米ソにとって核拡散問題の中心的議題とは西ドイツのことであり、NPTとは欧州情勢の安定、特にドイツ核問題の解決を第一の目的として作られた。そして、米ソの協力および西ドイツが納得できる合意内容を形成するために、東アジア地域に合意形成の負担が押し付けられた。これが第III章で見てきた核不拡散交渉の経緯である。

　ソ連が米国との協力関係を確立するために自主的な脅威削減をおこなった政策手法は、GRIT（Graduated Reciprocation in Tension-Reduction）のような信頼醸成政策と同様の外交政策といえる。かつて設立したばかりの西ドイツが西欧諸国との関係改善のためにおこなった外交や、後のゴルバチョフによる東西緊張緩和の効果を挙げた新思考外交といった、自主的なコスト負担によって関係改善に向けた真摯な姿勢を示して相手の信頼を獲得する外交政策を当時のソ連もおこなったといえよう（Collins 1998; Kydd 2005）。その点においては、ソ連の対米外交も、のちの米国の対ソ外交も相互の信頼醸成をもたらした優れた外交といえるかもしれない。

　しかしながら、一見すれば優れているように見える欧州の核不拡散交渉も、視野を広げて東アジアとの関連性を見れば決してGRITのような国際協調政策とはいえないことも、非零和ゲームのような全ての国家が協力し合って利得を獲得したような交渉ではなかったことも明らかになる。交渉に影響力を及ぼせない国家に負担を押し付けたかたちのいびつな協力関係は、長期的には新たなコストを返されることになりうる。米ソが西ドイツを含めた合意を形成するためのコストを中国に負担させた交渉方法は、結局は別のコストを発生させる

ことになった。

　ソ連は中国核開発を米国との交渉カードとして使いながら、中国に安全保障コミットメントを与えなかったことで中国の信頼を低下させた。中国に提示したのは核実験禁止と核不拡散への同意の要求だけであり、しかもソ連の目的は安全保障であったからである。この交渉過程とその変化を図示したのが図Ⅳである。

　そして米国もまた、中国の核開発を懸念したことに加えて、MLF論争の末期にはヴェトナム戦争の泥沼化に直面していたこともあって欧州の核拡散問題を早く解決したかったこともあり、東アジア諸国に対して配慮ある外交をおこなう余裕もなかった。

　結果をいえば、米ソは東アジアでは新たな核保有国の出現を阻止できず、東アジアの核問題は深刻化した。1964年10月16日に核実験の成功を表明した中国は、自らの核保有を米国の核の威嚇に対抗するための安全保障上やむを得ない措置であるとして正当化し、PTBTを米英ソによる核独占であると非

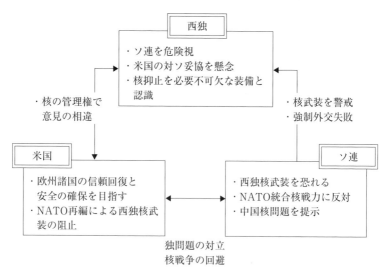

図Ⅳ-1　欧州の核不拡散交渉 (1958年)

第IV章 欧州核問題の解決と東アジア核問題の複雑化 *137*

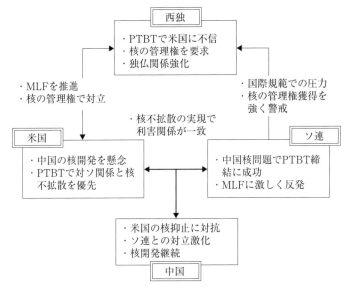

図IV-2 中国を加えた欧州の核不拡散交渉（1962年）

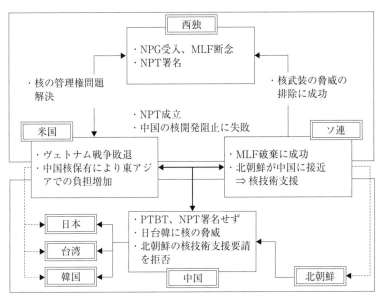

図IV-3 東アジアにおける核問題の複雑化（1970年）

難した[92]。これは米ソの核不拡散政策にとってひとつの大きな失敗といえる。米ソに敵対する国家が核開発を実行したにもかかわらず制裁せず、結果として核保有を黙認したという、悪い意味での前例になったといえるからである。米国は中国核施設への攻撃を検討したものの、様々な懸念から最終的に断念せざるを得なかった（Goldstein 2003）。

　中国の核実験成功は、その後のアジアの安全保障問題に大きな影響を及ぼした。第1に、核技術のさらなる流出である。核保有国となった中国はパキスタン、イラン、北朝鮮に技術支援をおこなったといわれている[93]。パキスタンと北朝鮮は現に核保有国となり、イランは核開発の疑いを長年にわたって向けられていた。ソ連の北朝鮮支援も中国の核保有と関連している。中国が核実験に成功した直後に北朝鮮が核兵器を求めて中国に接近したことで、ソ連は北東アジア唯一の友好国を奪われないために北朝鮮に核技術支援をおこない、寧辺に原子炉が設置された[94]。あくまでも平和利用に限定した支援であったものの、それによって北朝鮮は核技術を得ることになり、後の北朝鮮核危機の遠因のひとつとなった。ソ連にとっては西ドイツの核武装を阻止できたことから、一連の核不拡散交渉は成功したといえるかもしれない。しかし、国際社会全体から見れば、長期的に不利益をもたらす合意を形成したことは、必ずしも成功とはいえないだろう。北朝鮮の核開発は東アジア諸国に大きな影響を与えて、東アジアひいては国際秩序に現在も悪影響を及ぼしている。

　第2に、いわゆる核のチェーン・リアクションの恐れを生み出したことである。中国の核保有は日本、韓国、台湾、インドにとって極めて大きな脅威となり、安全保障政策に強い影響を及ぼした。インドは1974年に早くも1度目の核実験を成功させているし、韓国は1970年代を通して核開発を続けていたことも明らかになっている。この問題はヴェトナム戦争における米国の敗北も

---

92)　「中華人民共和国政府声明（一九六四年十月十六日）」欧ア協会 1967：1-3。
93)　イラン、パキスタン、北朝鮮およびイラクに関しては、Debs and Monteiro（2017），Harrer（2014），Kang（2013），Kroenig（2010），Schofield（2014）などを参照。
94)　北朝鮮の核施設に関しては、Bermudez（1994），Hughes（2007），Mansourov（1995），Mazarr（1995），Moltz and Mansourov（2000），Sigal（1998）を参照。

強くかかわっており、ヴェトナム戦争の損害で弱体化した米国は、1969年7月25日に韓国に事前協議をしないで在韓米軍の一方的撤退を決定した。朴正熙大統領はこの決定に強硬に反対するが覆らなかった。そのため、韓国独力でソ連と中国の支援を受けた北朝鮮の軍事的脅威に対抗する手段を模索しなければならなくなり、1972年に核開発を決定した（Kim 2001; Pollack and Reiss 2004）。もし朴正熙が暗殺されなければ、核兵器は1981年に完成していたという[95]。

日本も1968年の夏頃から核開発を検討したが、その原因となったのは中国の核実験成功であり、ヴェトナム敗退による米国への信頼の低下であった。核実験成功から4年の間に中国がミサイルを開発していたこともあり、中国が米国本土を核攻撃できる能力を得れば、核の傘の信憑性は薄れる。もし米国の核の傘が機能しなくなるとしたら、日本も独自の核抑止能力を持ってそれに対抗する必要があるかもしれないと考え、核開発の可能性を検討したのである[96]。

台湾が中国の核の威嚇に対抗するためには米国の核抑止が不可欠であったが、ヴェトナム撤退、そして後の北京政府の承認によって米国の信頼が低下し、インドが核開発に使用したものと同じ原子炉を購入して独自の核開発を極秘に試みたため、米国はそれを断念させなければならなかった（Albright and Gay 1998; Burr 1999, 2007; Mitchell 2004）。

いずれの国家も中国の核実験が影響を及ぼしており、核開発を中断させるための説得と安全保障コミットメントの再保証のために、ヴェトナム撤退前と変わらない軍事プレゼンスが必要とされ、さらには各国の核開発の監視に関与しなければならないなど、米国は東アジア核問題における多くのコストを支払う結果を招いたのである。

北朝鮮は2003年にNPTからも脱退して、度重なる制裁、警告にも屈することなく核実験を繰り返し、水爆実験にまで成功して核保有国となった。ソ連

---

[95] 1971年から1978年まで朴正熙の大統領公報秘書官を務めた鮮于煉の日記による。『朝日新聞』1993年2月21日朝刊：2。

[96] 「日本の核政策に関する基礎的研究（その一）」1968年9月；「日本の核政策に関する基礎的研究（その二）」1970年1月；「民主主義研究会報告書」。

崩壊による後ろ盾の消失と米国の脅威からの核開発の決断、大国からの圧力に屈することなく成功にいたった経緯は中国と非常に類似している。深刻な安全保障問題を抱える国家を絡めて核不拡散という理念を維持するためには、どれほど対立していても最低限の保証と合意遵守できるだけの信頼を醸成する必要があり、一方的な要請では望ましい結果は得られない。この教訓は、これまで見てきたNPT成立をめぐる中国の交渉から得ていたはずである。しかしながら米国をはじめとした国際社会はこの教訓に気づくことなく、現代でも同じ過ちを繰り返した。核合意破棄をはじめとしてトランプ政権はイランに対しても強硬一辺倒になっており、同じ轍を踏むことが懸念される。

　たとえどれほど大国であっても現代国際社会において他国を消滅させるような戦争をすることは不可能であり、紛争には必ず終着点を設定しなければならない。対立していても国際社会で併存しなければならない国家との間に最低限の利得の保証もしなければ、いたずらに軍事的対立が続きコストが増える一方である。そのような長期的損失を避けるためにも合意を遵守し合えるだけの信頼醸成は必要不可欠である。そしてそれは紛争・交渉の当事者だけでなく、その問題の利害関係にかかわる第三者に対しても決しておろそかにしてはならないことを欧州と東アジアの核不拡散交渉の連関の歴史は教えてくれるのである。

おわりに

　中国の核実験成功から続く東アジアの核問題の解決の失敗はさらなる核保有国の出現という最悪の結果につながった。北朝鮮が核保有国となったことで、これまで以上に国際社会で懸念されているのが日本の核保有である。2018年に米国の学会の研究大会に参加して核問題をテーマとした報告をいくつか聴いたが、核抑止や核拡散となると報告者だけでなくフロアからの質問でも日本に関する言及がいくつも出ていた。日本人からすれば日本が核保有することなどまったく想像しないことであるが、現在の東アジアの情勢を核抑止論に基づいて考えれば日本にとっては核保有が合理的選択のひとつであるという結論が論理的に導き出されるためであろう。

　その一方で、2017年にIAEAを訪問したときには、「IAEAには日本が核保有すると考えている人は一人もいない」との言葉を幾度も聴くことができた。日本の内情を理解している人に対してならば日本の非核の国是に対する信頼は確立していることも確かなのである。

　理論とは当事者が考えつかない因果関係、あえていえば結果に至るストーリーを導き出すことで新たな知見を得るものである。そうである限り、仮にそれが受け入れがたいものであっても研究としてならば考えなければならない。またそれを考えなければ新しい発見をすることもできない。IAEAと米国の学会での違いはその点を表しているといえる。

　だが、日本は決して核保有することはないという信頼を強固にすることは日本の非核化政策にとっても東アジアの安全保障においても非常に重要な課題である。学術的には日本人のアイデンティティよりも理論的考察の結果が重要視されているが、IAEAの人々のように直接日本とかかわることでその信頼を得ることができることも確かなのである。日本政府に加えて広島県と長崎県が非核化のための外交活動を続けることは、この信頼を広げるために非常に重要な役割を担っている。

理論と現実のどちらからでも東アジア非核化の実現方法を模索するには、過去の核問題から得た教訓を生かすことが必要不可欠である。だが核兵器開発の実例は多くはないため、その少ない情報を多角的に考察し、核保有に至った原因と断念させることができた要因を明らかにすることが重要である。本書ではゲーム理論による理論的考察をおこなったが、ビッグデータ革命の影響もあるのか、近年では国際関係の問題にデータ実証分析を用いた研究が非常に増えている。多面的な研究方法の存在はより多様な研究成果につながり、結果として我々に多くの示唆を与えてくれるだろう。

　冷戦期にシェリング（Thomas C. Schelling）がゲーム理論を用いて核抑止論を大きく発展させたことは有名だが、シェリングはそれだけでなく、その理論枠組みを用いて核軍備管理研究の礎も築いた。核抑止論に基づく軍備管理の理念とは「敵対的関係にある国家どうしが戦争の可能性を回避するためにおこなう協力」である（Schelling & Halperin 1961: 2）。核戦争を米ソ対立においても阻止する最適戦略として、核抑止の確実性を背景として米ソ間での軍備管理の推進と核戦争の可能性の低下を提唱した。

　冷戦時代の軍備管理には「核抑止が確実に機能することを支援すること」が役割のひとつとして挙げられるため（Schelling 2002: xii）、核軍縮ひいては核廃絶を目指す現代の核不拡散政策においては軍備管理はそれほど肯定的には捉えられていないかもしれない。しかしながら、核戦争を防止することが核不拡散政策の基本理念である限り、核抑止に代わる安全保障政策の提示もしくは核抑止が存在する方が安全保障を低下させることを立証できなければ、核軍備管理の理論を否定できない。現代人から見れば不本意な理論であっても、その実効性を理性的に捉えることで新たな解決方法の模索に役立てなければならない。

　核不拡散研究の到達点としては、冷戦期に核戦争を阻止したシェリングの理論を乗り越える新たな安全保障と軍縮の理論を確立することが重要な課題であり、筆者の今後の研究目標でもある。学問の発展と時代の変化と共に現れる多様な研究が成果を蓄積していくことは核問題の解決への貢献が大いに期待されるものである。本書もその役割の一端を担うことができればこれに勝る喜びはない。

謝　辞

　本書は平成 31 年度科学研究費助成事業（研究成果公開促進費）の支援を得て出版された（課題番号 19HP5135）。科研費の応募準備および出版においては大学教育出版の佐藤守氏と社彩香氏に大いに助けられた。また、本書の基となった博士論文の審査をしていただいた石田淳教授（東京大学）、吉川元教授（広島平和研究所）、デヴィッド・ウェッセルズ教授（上智大学）、そして指導教授として私を博士号取得にまで導いてくださった松原望教授（東京大学名誉教授）にこの場を借りて謝意を表す。

芝井清久

参考文献

はじめに

芝井清久. 2010.「国際政治交渉における第三当事者の存在 ― 欧州核不拡散交渉と東アジア核問題の関連性 ―」上智大学博士論文.

―――. 2012.「国際交渉の合意形成における第三当事者への対応問題」『国際政治』(169):139-153.

―――. 2015.「欧州の核不拡散と東アジアの核拡散の因果関係 ― 西ドイツをめぐる核不拡散交渉とその影響 ―」『国際政治』(180):98-110.

第Ⅰ章

Allen, Susan Hannah. 2005. The Determinants of Economic Sanctions Success and Failure. *International Interactions* 31 (2): 117-138.

Axelrod, Robert. 1984. *The Evolution of Cooperation*. Revised Edition. New York: Basic Books.

Axelrod, Robert and Robert O. Keohane. 1985. Achieving Cooperation under Anarchy: Strategies and Institution. *World Politics* 38 (1): 226-254.

Baldwin, David A. 1971. The Power of Positive Sanctions. *World Politics* 24 (1): 19-38.

―――. 1999/2000. The Sanctions Debate and the Logic of Choice. *International Security* 24 (3): 80-107.

Braun, Chaim and Christopher F. Chyba. 2004. Proliferation Rings: New Challenges to the Nuclear Nonproliferation Regime. *International Security* 29 (2): 5-49.

Bunn, George. 1997. The Legal Status of US Negative Security Assurances to Non-Nuclear Weapon States. *Nonproliferation Review* 4 (3): 1-17.

Bunn, George and John Rhinelander. 2005. The Right to Withdraw from the NPT: Article X is not Unconditional. *Disarmament Diplomacy* (79). http://www.acronym.org.uk/dd/dd79/79gbjr.htm [accessed 2010/01/10]

Bunn, George and Roland Timerbaev. 2005. The Right to Withdraw from the Nuclear Nonproliferation Treaty (NPT): The Views of Two NPT Negotiators. *Yaderny Kontrol Digest* 10 (1-2): 20-29.

Campbell, Kurt M. 2002/03. Nuclear Proliferation beyond Rogues. *Washington Quarterly* 26 (1): 7-15.

Chafetz, Glenn. 1995. The Political Psychology of the Nuclear Nonproliferation Regime. *Journal of Politics* 57 (3): 743-775.

Collins, Alan R. 1998. GRIT, Gorbachev and the End of the Cold War. *Review of International Studies* 24 (2): 201-219.

Dashti-Gibson, Jaleh, Patricia Davis, and Benjamin Radcliff. 1997. On the Determinants of the Success of Economic Sanctions: An Empirical Analysis. *American Journal of Political Science* 41 (2): 608-618.

Drury, A. Cooper. 1998. Revisiting Economic Sanctions Reconsidered. *Journal of Peace Research* 35 (4): 497-509.

Drury, A. Cooper. 2000. U.S. Presidents and the Use of Economic Sanctions. *Presidential Studies Quarterly* 30 (4): 623-642.

Evangelista, Matthew. 1990. Cooperation Theory and Disarmament Negotiations in the 1950s. *World Politics* 42 (5): 502-528.

Glaser, Charles L. 1992. Security Dilemma Revisited. *World Politics* 50 (1): 171-201.

Geller, Daniel S. 1990. Nuclear Weapons, Deterrence, and Crisis Escalation. *Journal of Conflict Resolution* 34 (2): 291-310.

George, Alexander L. and William E. Simons, eds. 1994. *The Limits of Coercive Diplomacy*. 2nd Edition. Boulder: Westview Press.

Grieco, Joseph M. 1988. Anarchy and the Limits of Cooperation: A Realist Critique of the Newest Liberal Institutionalism. *International Organization* 42 (3): 485-507.

Haass, Richard N., ed. 1998. *Economic Sanctions and American Diplomacy*. New York: Council on Foreign Relations.

Harsanyi, John G. 1963. A Simplified Bargaining Model for the *n*-Person Cooperative Game. *International Economic Review* 4 (2): 194-220.

Holsti, Kalevi J. 1991. *Peace and War: Armed Conflicts and International Order 1648-1989*. Cambridge: Cambridge University Press.

Hufbauer, Gary Clyde, Jeffrey J. Schott, Kimberly Ann Elliott, and Barbara Oegg. 2007. *Economic Sanctions Reconsidered*. 3rd edition. Washington, D.C.: Institute for International Economics.

Ikenberry, G. John. 2001. *After Victory: Institutions, Strategic Restrain, and the Rebuilding of Order after Major Wars*. Princeton: Princeton University Press.

Jentleson, Bruce W. 2000. Economic Sanctions and Post-Cold War Conflicts: Challenges for Theory and Policy. *In International Conflict Resolution after the Cold War*, edited by Paul C. Stern and Daniel Druckman. Washington D.C.: National Academic Press.

Jervis, Robert. 1978. Cooperation under the Security Dilemma. *World Politics* 30 (2): 167-214.

―――. 1985. From Balance to Concert: A Study of International Security Cooperation.

World Politics 38 (1) : 58-79.

─────── . 1988. Realism, Game Theory, and Cooperation. *World Politics* 40 (3) : 317-349.

─────── . 1999. Realism, Neoliberalism, and Cooperation: Understanding the Debate. *International Security* 24 (1) : 42-63.

Keohane, Robert O. 1984. *After Hegemony: Cooperation and Discord in the World Political Economy*. Princeton: Princeton University Press.

Kleiner, Juergen. 2005. The Bush Administration and the Nuclear Challenges by North Korea. *Diplomacy & Statecraft* 16 (2) : 203-226.

Kroenig, Matthew. 2010. *Exporting the Bomb: Technology Transfer and the Spread of Nuclear Weapons*. Ithaca and London: Cornell University Press.

Kydd, Andrew H. 2005. *Trust and Mistrust in International Relations*. Princeton: Princeton University Press.

Levi, Michael A. and Michael E. O'Hanlon 2005. *The Future of Arms Control*. Washington, D.C.: The Brookings Institution.

Litwak, Robert S. 2003/04. Non-proliferation and the Dilemmas of Regime Change. *Survival* 45 (4) : 7-32

Lodgaard, Sverre. 2014. *Nuclear Disarmament and Non-Proliferation: Toward a Nuclear-Weapon-Free World?*. London and New York: Routledge.

Luce, R. Duncan and Howard Raiffa. 1957. *Games and Decisions: Introduction and Critical Survey*. New York: Dover Publications, Inc.

Lynn-Jones, Sean M., Steven E. Miller and Stephen Van Evera, eds. 1990. *Nuclear Diplomacy and Crisis Management*. Massachusetts: MIT Press.

Martin, Curtis H. 2002. Rewarding North Korea: Theoretical Perspectives on the 1994 Agreed Framework. *Journal of Peace Research* 39 (1) : 51-68.

Martin, Lisa L. 1999. An Institutionalist View: International Institutions and State Strategies. In *International Order and the Future of World Politics*, edited by T. V. Paul and John A. Hall. Cambridge: Cambridge University Press.

May, Michael M. 1994. Nuclear Weapons Supply and Demand. *American Scientist* 82 (6) : 526-537.

Mazarr, Michael J. 1995a. Going Just a Little Nuclear: Nonproliferation Lessons from North Korea. *International Security* 20 (2) : 92-133.

─────── . 1995b. *North Korea and the Bomb: A Case Study in Nonproliferation*. London: Macmillan Press.

McGillivray, Fiona and Allan C. Stam. 2004. Political Institutions, Coercive Diplomacy, and the Duration of Economic Sanctions. *Journal of Conflict Resolution* 48 (2) : 154-172.

Mearsheimer, John J. 1994/95. False Promise of International Institutions. *International Security* 19 (3): 5-49.

Moltz, James Clay and Alexandre Y. Mansourov, eds. 2000. *The North Korean Nuclear Program: Security, Strategy, and New Perspectives from Russia*. New York: Routledge.

Montgomery, Evan Braden. 2006. Breaking out of the Security Dilemma: Realism, Reassurance, and Problem of Uncertainty. *International Security* 31 (2): 151-185.

Morrow, James D. 1994. Modeling the Forms of International Cooperation: Distribution Versus Information. *International Organization* 48 (3): 387-423.

Müller, John and Karl Müller. 1999. Sanctions of Mass Destruction. *Foreign Affairs* 78 (3): 43-53.

Narang, Neil, Erik Gartzke, and Matthew Kroenig. 2016. *Nonproliferation Policy and Nuclear Posture*. London and New York: Routledge.

Nash, John F. 1953. Two-Person Cooperative Games. *Econometrica*. 21 (1): 128-140.

Ogilvie-White, Tanya. 1996. Is There a Theory of Nuclear Proliferation?: An Analysis of the Contemporary Debate. *Nonproliferation Review* 4 (1): 43-60.

O'Sullivan, Meghan L. 2003. *Shrewd Sanctions: Statecraft and State Sponsors of Terrorism*. New York: Brookings Institution Press.

Oye, Kenneth A. 1985. Explaining Cooperation under Anarchy: Hypotheses and Strategies. *World Politics* 38 (1): 1-24.

Pape, Robert A. 1998. Why Economic Sanctions still do not Work. *International Security* 23 (1): 66-77.

Powell, Robert. 1987. Crisis Bargaining, Escalation, and MAD. *American Political Science Review* 81 (3): 717-736.

―――. 1988. Nuclear Brinkmanship with Two-Sided Incomplete Information. *American Political Science Review* 82 (1): 155-178.

―――. 1989a. Crisis Stability in the Nuclear Age. *American Political Science Review* 83 (1): 61-76.

―――. 1989b. Nuclear Deterrence and the Strategy of Limited Retaliation. *American Political Science Review* 83 (2): 503-519.

Preeg, Ernest H. 1999. *Feeling Good or Doing Good with Sanctions: Unilateral Economic Sanctions and the U.S. National Interest*. Washington, DC: CSIS Press.

Rapoport, Anatol and Albert M. Chammah. 1965. *Prisoner's Dilemma: A Study in Conflict and Cooperation*. Ann Arbor: University of Michigan Press.

Raser, John R. 1966. Deterrence Research: Past Progress and Future Needs. *Journal of Peace Research* 3 (4): 297-327.

Rauchhaus, Robert, Matthew Kroenig, and Erik Gartzke, eds. 2011. *Causes and Consequences of Nuclear Proliferation*. London and New York: Routledge.

Rennack, Dianne E. 2005. Nuclear, Biological, Chemical, and Missile Proliferation Sanctions: Selected Current Law. CRS Report for Congress, Order Code RL31502.

Ruggie, John Gerald. 1998. *Constructing the World Polity: Essays on International Institutionalization*. London: Routledge.

Sagan, Scott D. 2000. Rethinking the Causes of Nuclear Proliferation: Three Models in Search of a Bomb. In *The Coming Crisis: Nuclear Proliferation, U.S. Interests, and World Order*, edited by Victor A. Utgoff. Massachusetts: MIT Press.

Sagan, Scott D. and Kenneth N. Waltz. 2003. *The Spread of Nuclear Weapons: A Debate Renewed*. 2nd Edition. New York: W. W. Norton & Company.

Schelling, Thomas C. 1960. *Strategy of Conflict*. Massachusetts: Harvard University Press.

Schneider, Barry R. 1994. Nuclear Proliferation and Counter-Proliferation: Policy Issues and Debates. *Mershon International Studies Review* 38 (2) : 209-234.

Shapley, Lloyd S. and Martin Shubik. 1954. A Method for Evaluating the Distribution of Power in a Committee System. *American Political Science Review* 48 (3) : 787-792.

Simpson, John. 2004. The Non-Proliferation Regime: Back to the Future?. *Disarmament Forum* (1) : 5-16.

Singh, Sonali and Christopher R. Way. 2004. The Correlates of Nuclear Proliferation: A Quantitative Test. *Journal of Conflict Resolution* 48 (6) : 859-885.

Snyder, Jack L. 1978. Rationality at the Brink: The Role of Cognitive Processes in Failures of Deterrence. *World Politics* 30 (3) : 345-365.

Tannenwald, Nina. 2004. U.S. Arms Control Policy in a Time Warp. *Ethics & International Affairs* 15 (1) : 51-70.

Thayer, Bradley A. 1995. The Causes of Proliferation and the Nonproliferation Regime. *Security Studies* 4 (3) : 463-519.

Tilly, Charles. 1992. *Coercion, Capital, and European States, AD 990-1992*. Revised paperback edition. Massachusetts: Blackwell.

Utgoff, Victor A., ed. 2000. *The Coming Crisis: Nuclear Proliferation, U.S. Interests, and World Order*. Massachusetts: MIT Press.

Von Neumann, John and Osker Morgenstern. 2004. *Theory of Games and Economic Behavior.* 60th Anniversary Edition. Princeton: Princeton University Press.

Waltz, Kenneth N. 1959. *Man, the State and War: A Theoretical Analysis*. New York: Columbia University Press.

―――. 1979. *Theory of International Politics*. Massachusetts: McGraw-Hill.

Wendt, Alexander. 1992. Alexander Wendt, Anarchy is what States Make of it: The Social Construction of Power Politics. *International Organization* 46 (2): 391-425.

Zagare, Frank C. and D. Marc Kilgore. 2000. *Perfect Deterrence*. Cambridge: Cambridge University Press.

ヘドリー・ブル. 2000. 臼杵英一訳『国際社会論──アナーキカル・ソサエティ』岩波書店. (Bull, Hedley. 1995. *Anarchical Society: A Study of Order in World Politics*. 2nd edition: London: Macmillan Press.)

オスカー・モルゲンスターン. 1962. 筑土龍男訳『米国国防の諸問題』鹿島研究所. (Morgenstern, Oskar. 1959. The *Question of National Defense and International Transactions and Business Cycles*. New York: Random House.)

チャールズ・オスグッド. 1968. 田中靖政, 南博訳『戦争と平和の心理学』岩波書店. (Osgood, Charles E. 1962. *An Alternative to War or Surrender*. Illinois: University of Illinois Press.)

石田淳. 2009.「人権と人道の時代における強制外交──権力政治の逆説」日本国際政治学会[編]『日本の国際政治学2 国境なき国際政治』有斐閣.

鈴木光男. 1994.『新ゲーム理論』勁草書房.

─────. 1999.『ゲーム理論の世界』勁草書房.

─────. 2003.『[新装版]ゲーム理論入門』共立出版.

丸山眞男. 1998.『丸山眞男講義録[第三冊]政治学1960』東京大学出版会.

芝井清久. 2012.「協力ゲームと国際政治」松原望, 飯田啓輔編著『国際政治の数理計量分析入門』東京大学出版会.

宮嶋勝. 1970.「交渉ゲームの意義」鈴木光男[編]『競争社会のゲームの理論』勁草書房.

第II章

Harsanyi, John C. 1967. Games with Incomplete Information Played by "Bayesian" Players, I -III. Part I. The Basic Model. *Management Science* 14 (3): 159-182.

─────. 1968a. Games with Incomplete Information Played by "Bayesian" Players. Part II. Bayesian Equilibrium Points. *Management Science* 14 (5): 320-334.

─────. 1968b. Games with Incomplete Information Played by "Bayesian" Players, Part III. The Basic Probability Distribution of the Game. *Management Science* 14 (7): 486-502.

Kydd, Andrew. 2005. *Trust and Mistrust in International Relations*. Princeton: Princeton University Press.

Luce, R. Duncan and Howard Raiffa. 1957. *Games and Decisions: Introduction and Critical Survey*. New York: Dover Publications, Inc.

Rapoport, Anatol and Albert M. Chammah. 1965. *Prisoner's Dilemma: A Study in Conflict and Cooperation*. Ann Arbor: University of Michigan Press.

Von Neumann, John and Osker Morgenstern. 2004. *Theory of Games and Economic Behavior*. 60th anniversary edition. Princeton: Princeton University Press.

第III章

Adomeit, Hannes. 1998. *Imperial Overstretch: Germany in Soviet Policy from Stalin to Gorbachov: An Analysis Based on New Archival Evidence, Memoirs, and Interviews*. Baden-Baden: Nomos Verlagsgesellschaft.

Ahonen, Pertti. 1995. Franz-Josef Strauss and the German Nuclear Question, 1956-62. *Journal of Strategic Studies* 18 (2) : 24-51.

Bange, Oliver. 2007. NATO and the Non-Proliferation Treaty: Triangulations between Bonn, Washington, and Moscow. In *Transforming NATO in the Cold War: Challenges beyond Deterrence in the 1960s*, edited by Andreas Wenger, Christian Nuenlist, and Anna Locher. London: Routledge.

Baglione, Lisa A. 1999. *To Agree or Not to Agree: Leadership, Bargaining, and Arms Control*. Ann Arbor: University of Michigan Press.

Bluth, Christoph. 1995. *Britain, Germany, and Western Nuclear Strategy*. Oxford: Clarendon Press.

Boutwell, Jeffrey D. 1990. *The German Nuclear Dilemma*. Ithaca: Cornell University Press.

Brands, Hal. 2006. LBJ, the Gilpatric Committee, and U.S. National Security Policy. *Journal of Cold War Studies* 8 (2) : 83-113.

―――. 2007. Non-Proliferation and the Dynamics of the Middle Cold War: The Superpowers, the MLF, and the NPT. *Cold War History* 7 (3) : 389-423.

Brzezinski, Zbigniew. 1964. Moscow and the M.L.F.: Hostility and Ambivalence. *Foreign Affairs* 43 (1) : 126-134.

Burr, William and Jeffrey T. Richelson. 2000/01. Whether to "Strangle the Baby in the Cradle" : The United States and the Chinese Nuclear Program, 1960-64. *International Security* 25 (3) : 54-99.

Chang, Gordon H. 1990. *Friends and Enemies: The United States, China, and the Soviet Union, 1948-1972*. Stanford: Stanford University Press.

Chari, P. R. 1978. China's Nuclear Posture: An Evaluation. *Asian Survey* 18 (8) : 817-828.

Cioc, Marc. 1988. *Pax Atomica: The Nuclear Defense Debate in West Germany during Adenauer Era*. New York: Columbia University.

Craig, Gordon A. 1994. Konrad Adenauer and His Diplomats. In *The Diplomats, 1939-1979*, edited by Gordon A. Craig and Francis L. Loewrenheim. Princeton: Princeton University Press.

Criss, Nur Bilge. 1997. Strategic Nuclear Missiles in Turkey: The Jupiter Affair, 1959-1963. *Journal of Strategic Studies* 20 (3): 97-122.

Deutsch, Karl W. 1967. *Arms Control and the Atlantic Alliance: Europe Faces Coming Policy Decisions.* New York: John Wiley & Sons.

Dietl, Ralph. 2006. In Defence of the West: General Lauris Norstad, NATO Nuclear Forces and Transatlantic Relations 1956-1963. *Diplomacy & Statecraft* 17 (2): 347-392.

Dowty, Alan. 1987. *Closed Borders: The Contemporary Assault on Freedom of Movement.* New Haven: Yale University Press.

Duffield, John S. 1992. The Soviet Military Threat to Western Europe: US Estimates in the 1950s and 1960s. *Journal of Strategic Studies* 15 (2): 208-227.

Dülffer, Jost. 2007. "No more Potsdam!" Konrad Adenauer's Nightmare and the Basis of his International Orientation. *German Politics & Society* 25 (2): 19-42.

Gaddis, John L. 1997. *We Now Know: Rethinking Cold War History.* Oxford: Oxford University Press.

Gavin, Francis J. 2004/05. Blasts from the Past: Proliferation Lessons from the 1960s. *International Security* 29 (3): 100-135.

Gerwin, Robert. 1964. *Atoms in Germany: A Report on the State and Development of Nuclear Research and Nuclear Technology in the Federal Republic of Germany.* Düsseldorf: Econ-Verlag.

Giauque, Jeffrey G. 2000. Offers of Partnership or Bids for Hegemony?: The Atlantic Community, 1961-1963. *International History Review* 22 (1): 86-111.

Giles, Gregory, Christine Cleary, and Michéle Ledgerwood. 2003. Minimum Nuclear Deterrence Research: Final Report. Defense Threat Reduction Agency Advanced Systems and Concepts Office Contract No. DTRA01-00-D-0003, Delivery Order 0018. Virginia: Science Applications International Corporation.

Gobarev, Viktor M. 1999. Soviet Policy toward China: Developing Nuclear Weapons 1949-1969. *Journal of Slavic Military Studies* 12 (4): 1-53.

Goncharenko, Sergei. 1998. Sino-Soviet Military Cooperation. In *Brothers in Arms: The Rise and Fall of the Sino-Soviet Alliance, 1945-1963*, edited by Odd Arne Westad. Washington: Woodrow Wilson Center Press.

Granieri, Ronald J. 2003. *The Ambivalent Alliance: Konrad Adenauer, the CDU/CSU, and the West, 1949-1966.* Oxford: Berghahn Books.

Gregory, Shaun R. 1996. *Nuclear Command and Control in NATO: Nuclear Weapons Operations and the Strategy of Flexible Response.* New York: St. Martin's Press.

Heuser, Beatrice. 1998. *Nuclear Mentalities? Strategies and Beliefs in Britain, France, and the FRG.* Hampshire: Macmillan Press.

Hirschman, Albert O. 1993. Exit, Voice, and the Fate of the German Democratic Republic: An Essay in Conceptual History. *World Politics* 45 (2) : 173-202.

Hsieh, Alice Langley. 1962. *Communist China's Strategy: In the Nuclear Era*. New Jersey: Princeton Hall.

Hughes, Christopher W. 2007. North Korea's Nuclear Weapons: Implications for the Nuclear Ambitions of Japan, South Korea, and Taiwan. *Asian Policy* (3) : 75-104.

Jian, Chen. 1996. A Crucial Step toward the Breakdown of the Sino-Soviet Alliance: The Withdrawal of Soviet Experts from China in July 1960. *Cold War International History Bulletin* (8/9) : 246, 249-250.

Jones, Matthew. 2008. Targeting China: U.S. Nuclear Planning and "Massive Retaliation" in East Asia, 1953-1955. *Journal of Cold War Studies* 10 (4) : 37-65.

Kelleher, Catherine McArdle. 1975. *Germany & the Politics of Nuclear Weapons*. New York: Columbia University Press.

Krieger, Wolfgang. 1995. The German and the Nuclear Question. German Historical Institute Occasional Paper (14).

Künzel, Matthias. 1995. Bonn and the Bomb: German Politics and the Nuclear Option. Translated by Helke Heino and R. Range Cloyd. London: Pluto Press. (Künzel, Matthias. 1992. *Bonn und die Bombe: Deutsche Atomwaffenpolitik von Adenauer bis Brandt*. Frankfurt am Main: Campus.)

Lahti, Makreeta. 2009. Security Cooperation as a Way to Stop the Spread of Nuclear Weapons? Nuclear Nonproliferation Policies of the United States towards the Federal Republic of Germany and Israel, 1945-1968. Ph.D. dissertation, University of Potsdam. Potsdam: Institutional Repository of the University of Potsdam.

Lewis, John Wilson and Xue Litai. 1988. *China Builds the Bomb*. Stanford: Stanford University Press.

Li, Mingjiang. 2007. Turbulent Years: Mao's China and Sino-Soviet Split. Ph.D. dissertation, Boston University. Ann Arbor: UMI Dissertation Service.

Liu, Yanqiong and Liu Jifeng. 2009. Analysis of Soviet Technology Transfer in the Development of China's Nuclear Weapons. *Comparative Technology Transfer and Society* 7 (1) : 66-110.

Lüthi, Lorenz M. 2007. The People's Republic of China and the Warsaw Pact Organization, 1955-63. *Cold War History* 7 (4) : 479-494.

Mackby, Jenifer and Walter B. Slocombe. 2004. Germany: The Model Case, a Historical Imperative. In *The Nuclear Tipping Point: Why States Reconsider Their Nuclear Choices*, edited by Kurt M. Campbell, Robert J. Einhorn, and Mitchell B. Reiss. Washington, D.C.:

Brookings Institution Press.

Mansourov, Alexandre Y. 1995. The Origins, Evolution, and Current Politics of the North Korean Nuclear Program. *The Nonproliferation Review* 2 (3) : 25-38.

Maruzsa, Zoltán. 2009. Denuclearization in Central Europe? The Rapacki Plan during the Cold War. Cold War History Research Center Budapest Online Publication. http://www.coldwar.hu/html/en/_8_0.html [accessed 2010/01/11]

Mastny, Vojtech. 2008. The 1963 Nuclear Test Ban Treaty: A Missed Opportunity for Détente?. *Cold War Studies* 10 (1) : 3-25.

Megens, Ine. 2008. The Multilateral Force as an Instrument for a European Nuclear Force?. In *NATO and Warsaw Pact: Intrabloc Conflicts*, edited by Mary Ann Heiss and S. Victor Papacosma. Kent, Ohio: Kent State University Press.

Messemer, Annette. 1999. Konrad Adenauer: Defence Diplomat on the Backstage. In *Cold War Statesmen Confront the Bomb: Nuclear Diplomacy since 1945*, edited by John Lewis Gaddis, Philip H. Gordon, Ernest R. May, and Jonathan Rosenberg. Oxford: Oxford University Press.

Nash, Philip. 1994. Nuclear Weapons in Kennedy's Foreign Policy. Historian 56 (2) : HTMLversion. http://search.ebscohost.com/login.aspx?direct=true&db=aph&AN=9406010775&site=ehost-live [accessed 2009/09/27].

―――. 1999. Bear Any Burden? John F. Kennedy and Nuclear Weapons. In *Cold War Statesmen Confront the Bomb: Nuclear Diplomacy since 1945*, edited by John Lewis Gaddis, Philip H. Gordon, Ernest R. May, and Jonathan Rosenberg. Oxford: Oxford University Press.

Negin, Evgeny and Yuri N. Smirnov. 2002. Did the USSR Share Atomic Secrets with China?. Parallel History Project on Cooperative Security, Eidgenössische Technische Hochschule Zürich (Swiss Federal Institute of Technology Zürich). http://www.php.isn.ethz.ch/collections/coll_china_wapa/negin_smirnov_engl.cfm?navinfo=16034 [accessed 2009/09/23].

Nelson, Harvey H. 1989. *Power and Insecurity: Beijing, Moscow & Washington, 1949-1988*. London: Lynne Rienner Publishers.

Niu, Jun. 2005. 1962: The Eve of the Left Turn in China's Foreign Policy. Cold War International History Project Working Paper (48).

Nuenlist, Christian. 2008. The Quiet Man: Dean Rusk and Western Europe. *Journal of Transatlantic Studies* 6 (3) : 263-278.

Nye, Joseph. 1988. U.S.-Soviet Cooperation in a Nonproliferation Regime. In *U.S.-Soviet*

Security Cooperation: Achievements, Failures, Lessons, edited by Alexander L. George, Philip J. Farley, and Alexander Dallin. Oxford: Oxford University Press.

Priest, Andrew. 2005. In Common Cause: The NATO Multilateral Force and the Mixed-Manning Demonstration on the USS Claude V. Ricketts, 1964–1965. *Journal of Military History* 69 (3) : 759–789.

———. 2007. From Hardware to Software: The End of the MLF and the Rise of the Nuclear Planning Group. In *Transforming NATO in the Cold War: Challenges beyond Deterrence in the 1960s*, edited by Andreas Wenger, Christian Nuenlist, and Anna Locher. London: Routledge.

Radchenko, Sergey. 2009. *Two Suns in the Heavens: The Sino-Soviet Struggle for Supremacy, 1962–1967*. Washington D.C.: Woodrow Wilson Center Press.

Rhodes, Richard. 1986. *The Making of the Atomic Bomb*. New York: Simon & Schuster.

Schaller, Michael. 2002. *The United States and China: Into the Twenty-First Century*. 3rd edition. New York: Oxford University Press.

Schecter, Jerrold L. with Vyacheslav V. Luchkov. 1990. *Khrushchev Remembers: The Glasnost Tapes*. Boston: Little, Brown and Company.

Schrafstetter, Susanna. 2004. The Long Shadow of the Past: History, Memory and the Debate over West Germany's Nuclear Status, 1954-69. *History & Memory* 16 (1) : 118-145.

Schrafstetter, Susanna and Stephen Twigge. 2000. Trick or truth? The British ANF Proposal, West Germany and US Nonproliferation Policy, 1964-68. *Diplomacy & Statecraft* 11 (2) : 161-184.

———. 2004. *Avoiding Armageddon: Europe, the United States, and the Struggle for Nuclear Nonproliferation, 1945–1970*. Connecticut: Praeger.

Schwabe, Klaus. 2004. Adenauer and Nuclear Deterrence. In *Europe, Cold War and Coexistence 1953–1965*, edited by Wilfried Loth. London: Franc Cass.

Schwartz, Thomas Alan. 2003. *Lyndon Johnson and Europe: in the Shadow of Vietnam*. Massachusetts: Harvard University Press.

Schwarz, Hans-Peter. 1997. *Konrad Adenauer: A German Politician and Statesman in a Period of War, Revolution and Reconstruction. Volume 2: The Statesman, 1952–1967*. Translated by Geoffrey Penny. Oxford: Berghahn Books. (Schwarz, Hans-Peter. 1991. *Adenauer. Der Staatsmann: 1952–1967*. Stuttgart: Deutsche Verlags-Anstalt.)

Seaborg, Glenn T. 1981. *Kennedy, Khrushchev, and the Test Ban*. Berkley and Los Angeles: University of California Press.

Selvage, Douglas. 2001. The Warsaw Pact and Nuclear Nonproliferation 1963-1965. Cold

War International History Project Working Paper (32).

Shen, Zhiua. 2002. Khrushchev, Mao, and the Unrealized Sino-Soviet Military Cooperation. Parallel History Project on Cooperative Security, Eidgenössische Technische Hochschule Zürich. http://www.php.isn.ethz.ch/collections/coll_china_wapa/Zhiua_engl.cfm?navinfo=16034 [accessed 2009/09/15]. Translated by Zhao Hai, Song Min, and Jeffrey Becker.

Sheng, Michael M. 2008. Mao and China's Relations with the Superpowers in the 1950s: A New Look at the Taiwan Strait Crises and the Sino–Soviet Split. *Modern China* 34 (4) : 477-507.

Shu, Guang Zhang. 1998. Sino-Soviet Economic Cooperation. In *Brothers in Arms: The Rise and Fall of the Sino-Soviet Alliance, 1945–1963*, edited by Odd Arne Westad. Washington: Woodrow Wilson Center Press.

Solomon, James B. 1999. *The Multilateral Force: America's Nuclear Solution for NATO (1960–1965). A Trident Scholar Project Report No. 269*. Maryland: United States Naval Academy.

Steele, Jonathan. 1977. *Socialism with a German Face: The State That Came in from the Cold*. London: Jonathan Cape.

Tal, David. 2006. The Burden of Alliance: The NPT Negotiation and the NATO Factor, 1960-1968. In *Transatlantic Relations at Stake: Aspects of NATO, 1956–1972*, edited by Christian Nuenlist and Anna Locher. Zürich: Center for Security Studies, Eidgenössische Technische Hochschule Zürich.

Ulam, Abam B. 1974. *Expansion and Coexistence: Soviet Foreign Policy, 1917–73*. 2nd edition. New York: Holt, Rinehart and Winston Inc.

Walsh, Jim. 2004. Russian and American Nonproliferation Policy: Success, Failure, and the Role of Cooperation. MTA Occasional Paper 2004-01, Belfer Center for Science and International Affairs.

Wang, Dong. 2006. The Quarrelling Brothers: New Chinese Archives and a Reappraisal of the Sino-Soviet Split, 1959-1962. Cold War International History Project Working Paper (49).

Wenger, Andreas and Marcel Gerber. 1999. John F. Kennedy and the Limited Test Ban Treaty: A Case Study of Presidential Leadership. *Presidential Studies Quarterly* 29 (2) : 460-487.

Westad, Odd Arne. 1998a. The Sino-Soviet Alliance and the United States. In *Brothers in Arms: The Rise and Fall of the Sino-Soviet Alliance, 1945–1963*, edited by Odd Arne Westad. Washington: Woodrow Wilson Center Press.

―――, ed. 1998b. *Brothers in Arms: The Rise and Fall of the Sino-Soviet Alliance, 1945–1963*.

Washington: Woodrow Wilson Center Press.

Young, John W. 2003. Killing the MLF?: The Wilson Government and Nuclear Sharing in Europe, 1964-66. *Diplomacy & Statecraft* 14 (2): 295-324.

Zubok, Vladislav M. 1993. Khrushchev and The Berlin Crisis (1958-1962). Cold War International History Project Working Paper (6).

―――. 2003. The Mao-Khrushchev Conversations, 31 July-3 August 1958 and 2 October 1959. *Cold War International History Project Bulletin* (12/13): 244-272.

Zubok, Vladislav M. and Hope M. Harrison. 1999. The Nuclear Education of Nikita Khrushchev. In *Cold War Statesmen Confront the Bomb: Nuclear Diplomacy since 1945*, edited by John Lewis Gaddis, Philip H. Gordon, Ernest R. May, and Jonathan Rosenberg. Oxford: Oxford University Press.

Zubok, Vladislav M. and Constantine Pleshakov. 1996. *Inside Kremlin's Cold War: From Stalin to Khrushchev. Massachusetts*: Harvard University Press.

グレアム・T・アリソン．1977．宮里政玄訳『決定の本質――キューバ・ミサイル危機の分析』中央公論社．(Allison, Graham T. 1971. *Essence of Decision: Explaining the Cuban Missile Crisis.* Boston: Little, Brown.)

ゲスタ・フォン・ユクスキュル．1994．福田博行訳『アデナウアーの生涯』近代文藝社．(Von Uexküll, Gösta. 1976. *Konrad Adenauer in Selbstzeugnissen und Bilddokumenten.* Reinbek bei Hamburg: Rowholt.)

岩間陽子．1997a．「ベルリン危機とアイゼンハワー外交――大量報復戦略の限界（一）」『法學論叢』141 (1): 72-89.

―――．1997b．「ベルリン危機とアイゼンハワー外交――大量報復戦略の限界（二）・完」『法學論叢』141 (3): 86-107.

川嶋周一．2000a．「エリゼ条約の成立と戦後ドイツ＝フランス関係史（一）」『北大法学論集』51 (1): 259-313.

―――．2000b．「エリゼ条約の成立と戦後ドイツ＝フランス関係史（二）・完」『北大法学論集』51 (2): 303-357.

芝井清久．2012．「ベイジアン・ゲームと国際政治」松原望・飯田敬輔編『国際政治の数理計量分析入門』東京大学出版会．

下斗米伸夫．2004．『アジア冷戦史』中央公論新社．

牧野和伴．1999．「MLF構想と同盟戦略の変容（I）」『成蹊大学法学政治学研究』(21): 25-46.

―――．2000．「MLF構想と同盟戦略の変容（II）」『成蹊大学法学政治学研究』(22): 57-81.

宮本信生．1989．『中ソ対立の史的構造――米中ソの「核」と中ソの大国民族主義・意識の視点

から―』日本国際問題研究所.

第IV章

Albright, David and Corey Gay. 1998. Taiwan: Nuclear Nightmare Averted. Bulletin *of the Atomic Scientists* 54 (1): 54-60.

Bermudez, Joseph S. 1994. North Korea's Nuclear Infrastructure. *Jane's Intelligence Review* 6 (2): 74-79.

Burr, William, ed. 1999. New Evidence on Taiwanese "Nuclear Intentions", 1966-1976. *National Security Archive Electronic Briefing Book* (19).
　　http://www.gwu.edu/~nsarchiv/NSAEBB/NSAEBB20/ [accessed 2009/10/04].

─────, ed. 2007. U.S. Opposed Taiwanese Bomb during 1970s: Declassified Documents Show Persistent U.S. Intervention to Discourage Suspicious Nuclear Research. *National Security Archive Electronic Briefing Book* (221).
　　http://www.gwu.edu/~nsarchiv/nukevault/ebb221/index.htm [accessed 2009/10/13].

Collins, Alan R. 1998. GRIT, Gorbachev and the End of the Cold War. *Review of International Studies* 24 (2): 201-219.

Debs, Alexandre and Nuno P. Monteiro. 2017. *Nuclear Strategic Causes of Proliferation*. New York: Cambridge University Press.

Goldstein, Lyle J. 2003. When China Was a Rogue State: The Impact of China's Nuclear Weapons Program on US-China Relations during the 1960s. *Journal of Contemporary China* 12 (37): 739-764.

Harrer, Gudrun. 2014. *Dismantling the Iraqi Nuclear Programme: The Inspections of the International Atomic Energy Agency, 1991-1998*. London and New York: Routledge.

Hughes, Christopher W. 2007. North Korea's Nuclear Weapons: Implications for the Nuclear Ambitions of Japan, South Korea, and Taiwan. *Asian Policy* (3): 75-104.

Kang, Jungmin, ed. 2013. *Assessment of the Nuclear Programs of Iran and North Korea*. New York: Springer.

Kim, Seung-Young. 2001. Security, Nationalism and the Pursuit of Nuclear Weapons and Missiles: The South Korea Case, 1970-82. *Diplomacy & Statecraft* 12 (4): 53-80.

Kroenig, Matthew. 2010. *Exporting the Bomb: Technology Transfer and the Spread of Nuclear Weapons*. Ithaca and London: Cornell University Press.

Kydd, Andrew H. 2005. *Trust and Mistrust in International Relations*. Princeton: Princeton University Press.

Mansourov, Alexandre Y. 1995. The Origins Evolution and Current Politics of North Korea. *The Nonproliferation Review* 2 (3): 25-38.

Mazarr, Michael J. 1995. *North Korea and the Bomb: A Case Study in Nonproliferation*. London: Macmillan Press.

Mitchell, Derek J. 2004. Taiwan's Hsin Chu Program: Deterrence, Abandonment, and Honor. In *The Nuclear Tipping Point: Why States Reconsider Their Nuclear Choices*, edited by Kurt M. Campbell, Robert J. Einhorn, and Mitchell B. Reiss. Washington, D.C.: Brookings Institution Press.

Moltz, James Clay and Alexandre Y. Mansourov, eds. 2000. *The North Korean Nuclear Program: Security, Strategy, and New Perspectives from Russia*. New York: Routledge.

Pollack, Jonathan D. and Mithcell B. Reiss. 2004. South Korea: The Tyranny of Geography and the Vexations of History. In *The Nuclear Tipping Point: Why States Reconsider Their Nuclear Choices*, edited by Kurt M. Campbell, Robert J. Einhorn, and Mitchell B. Reiss. Washington, D.C.: Brookings Institution Press.

Schofield, Julian. 2014. *Strategic Nuclear Sharing*. New York: Palgrave Macmillan.

Sigal, Léon V. 1998. *Disarming Strangers: Nuclear Diplomacy with North Korea*. Princeton: Princeton University Press.

欧ア協会編. 1967. 『続　中ソ論争主要文献集』北東出版宣伝.

おわりに

Schelling, Thomas C. 2002. Forword. In *Arms Control Cooperative Security in the Changing Environment*, edited by Jeffrey A. Larsen. Boulder: Lynne Rienner Publishers.

Schelling, Thomas C. and Morton H. Halperin. 1961. *Strategy and Arms Control*. New York: The Twentieth Century Fund.

参考資料

AFP: American Foreign Policy: Current Documents.

CWIHP Bulletin: Cold War International History Project Bulletin.

Documents on Germany, 1944-1959: Background Documents on Germany, 1944-1959, and a Chronology of Political Developments Affecting Berlin, 1945-1956, 86th Congress 1st Session, May 8, 1959. Printed for the Use of Senate Committee on Foreign Relations. Washington: U.S. Government Printing Office, 1958.

FRUS: Foreign Relations of the United States.

NATO Strategic Documents 1949-1969.

NSAM: National Security Action Memorandum.

New York Times.

NIE: National Intelligence Estimate.

Test Ban Negotiations and Disarmament: Hearing before the Committee on Foreign Relations United States Senate, 88th Congress 1st Session, March 11, 1963. Printed for the Use of the Committee on Foreign Relations. Washington: U.S. Government Printing Office, 1963.

VDB: Verhandlungen des Deutschen Bundestages: Stenographische Berichte.

YUN: Yearbook of the United Nations.

Washington Post.

『朝日新聞』.

『世界週報』.

「日本の核政策に関する基礎的研究（その一）」1968年9月.

「日本の核政策に関する基礎的研究（その二）」1970年1月.

「民主主義研究会報告書」.

インターネット資料

Avalon Project.　http://avalon.law.yale.edu/default.asp

Wilson Center Digital Archive.　https://digitalarchive.wilsoncenter.org

John F. Kennedy Presidential Library and Museum.　https://www.jfklibrary.org/

National Security Archive.　http://www.gwu.edu/~nsarchiv/NSAEBB/

NATO On-line Library.　http://www.nato.int/docu/comm.htm

PHP: Parallel History Project on Cooperative Security.　http://www.php.isn.ethz.ch/

■ 著者紹介

芝井　清久　（しばい　きよひさ）

最終学歴：上智大学大学院グローバル・スタディーズ研究科国際関係論専攻博士後期課程

現　　職：統計数理研究所データ科学研究系特任助教　および　データサイエンス共同利用基盤施設特任助教

学　　位：課程博士（国際関係論）

研究分野：核不拡散　軍縮・軍備管理　ゲーム理論　国際政治学

主著：

芝井清久「国際交渉の合意形成における第三当事者への対応問題」『国際政治』（169）：139-153、2012

松原望・飯田敬輔編／芝井清久他『国際政治の数理・計量分析入門』東京大学出版会、2012

芝井清久「欧州の核不拡散と東アジアの核拡散の因果関係 ― 西ドイツをめぐる核不拡散交渉とその影響 ―」『国際政治』（180）：98-110、2015

東アジアの核拡散と欧州の核不拡散のトレード・オフ
― 東アジア非核化に向けた歴史の理論的考察 ―

2019 年 11 月 10 日　初版第 1 刷発行

■著　　者──芝井清久
■発 行 者──佐藤　守
■発 行 所──株式会社　大学教育出版
　　　　　　〒700-0953　岡山市南区西市 855-4
　　　　　　電話（086）244-1268　FAX（086）246-0294
■印刷製本──モリモト印刷㈱

© Kiyohisa Shibai 2019, Printed in Japan
検印省略　　落丁・乱丁本はお取り替えいたします。
本書のコピー・スキャン・デジタル化等の無断複製は著作権法上での例外を除き禁じられています。本書を代行業者等の第三者に依頼してスキャンやデジタル化することは、たとえ個人や家庭内での利用でも著作権法違反です。
ISBN978-4-86692-054-2